# ANIMALES ESPONJA

## ADULTOS COLOREAR LIBRO
## ANIMALES EDICIÓN

**Coloring Bandit**



Publicado por Speedy Publishing Canada Limited

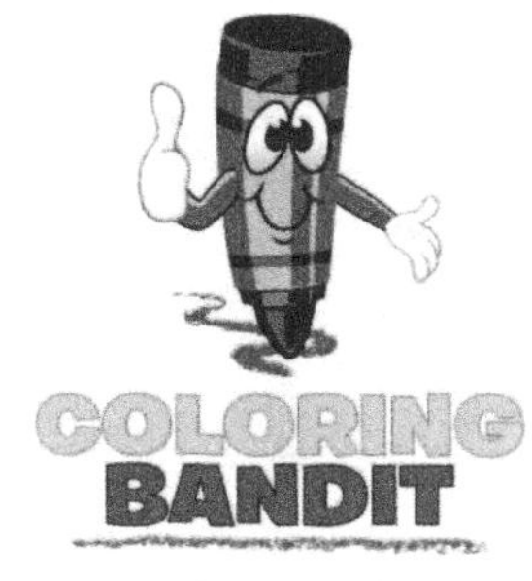

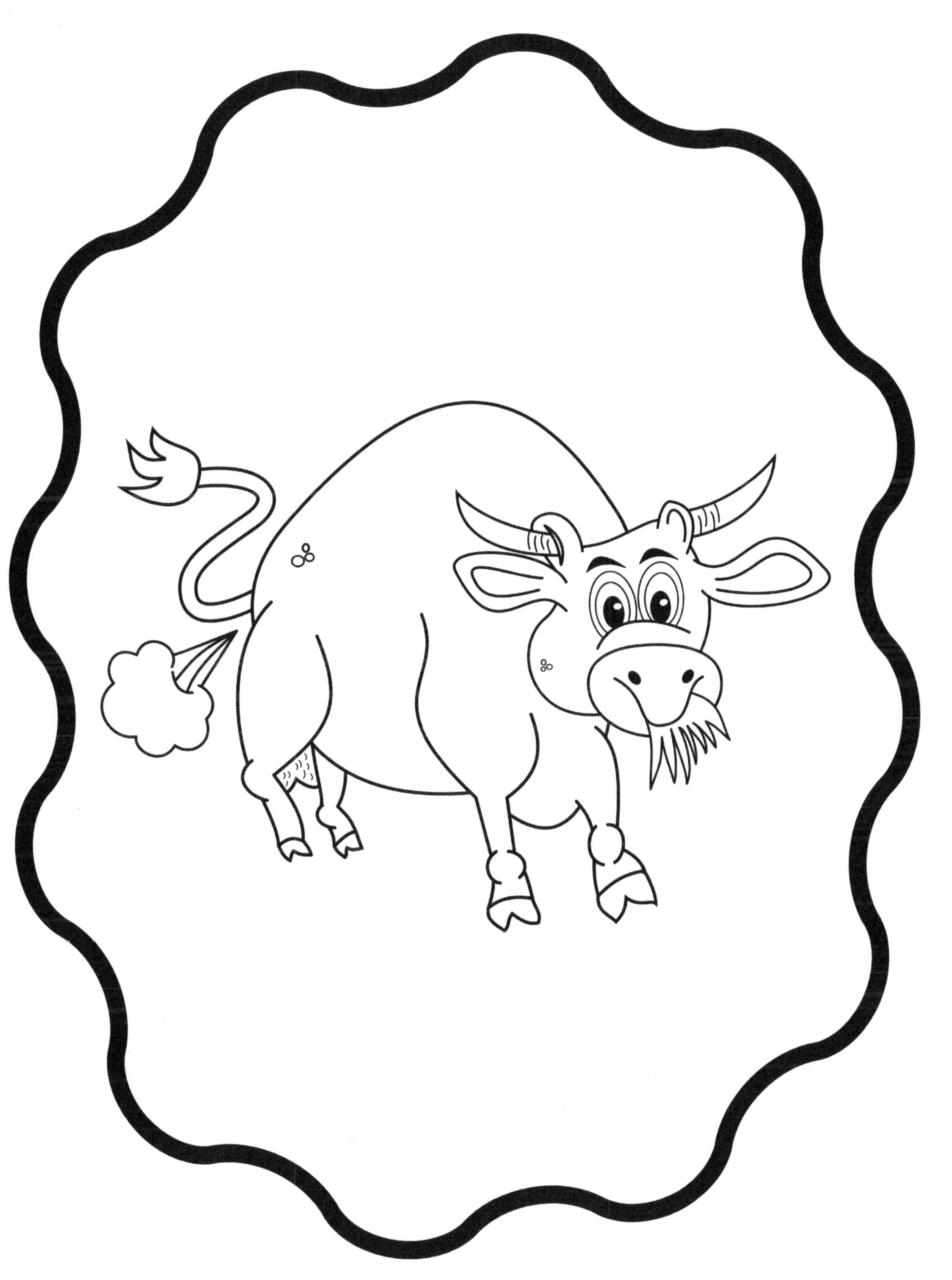

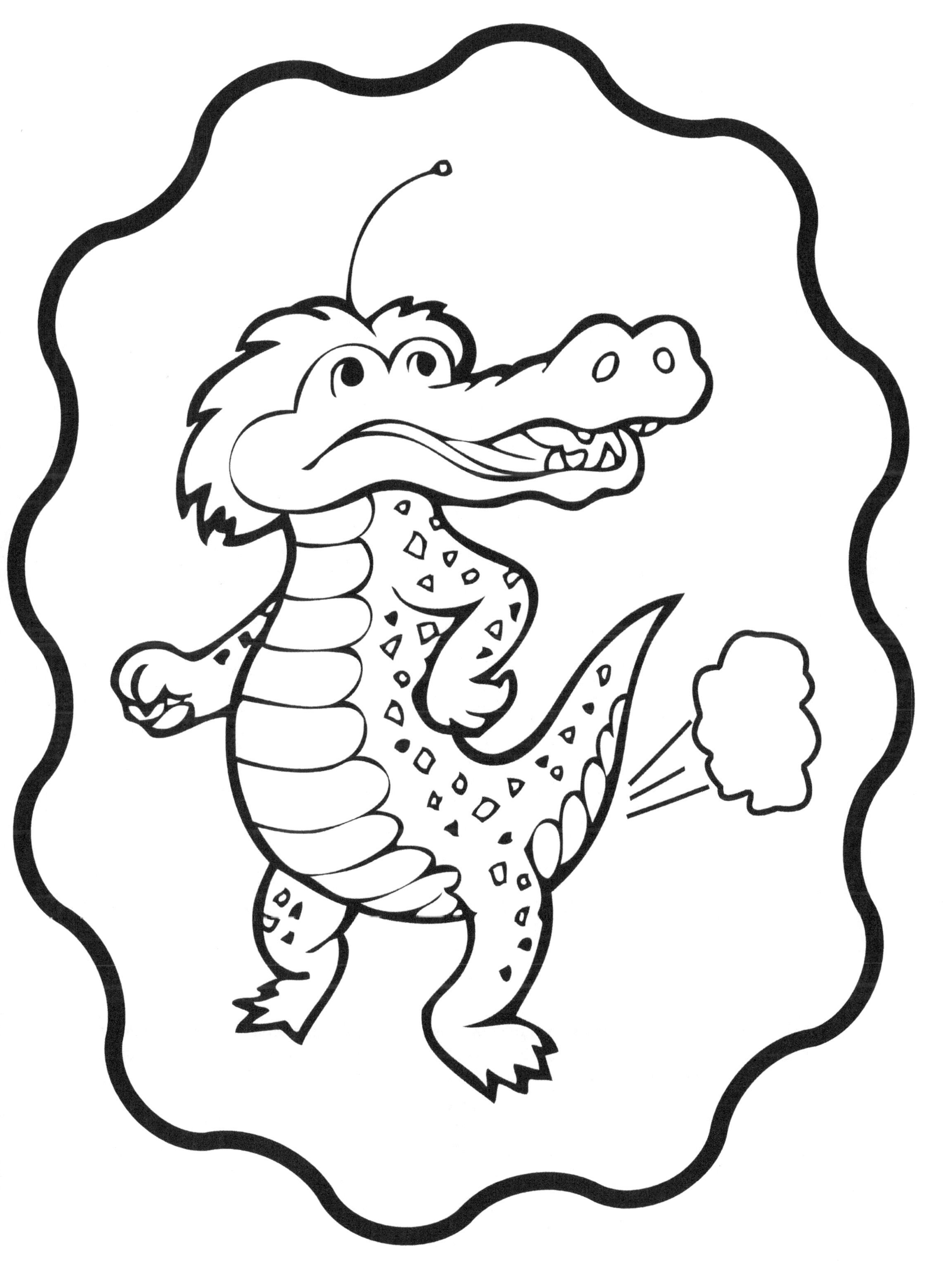

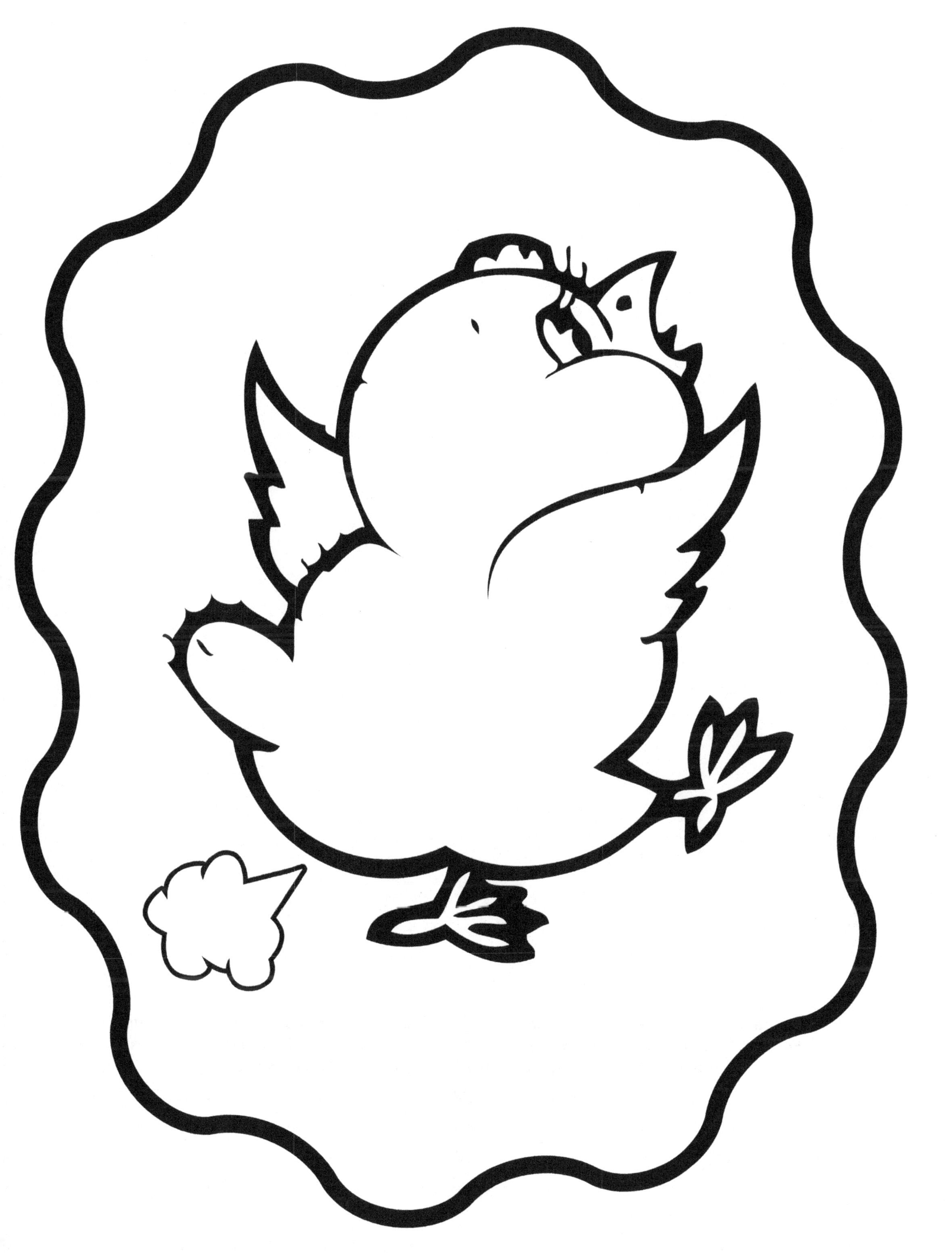

**Se trata de un sangrado a través de la página si está usando un colorante marcador o pluma!**

*Encontrar otros títulos grandes por busca de Bandido Para Colorear en tu favorito libro minorista*

**Amazon.Ca | Barnes & Noble (BN.Com) | Libros 1 Millón (BAM.Com)**

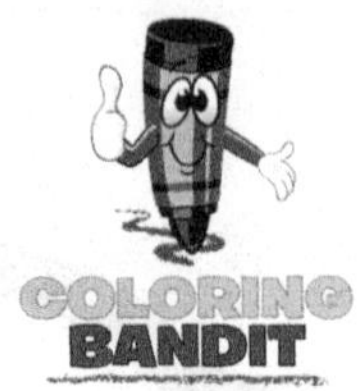

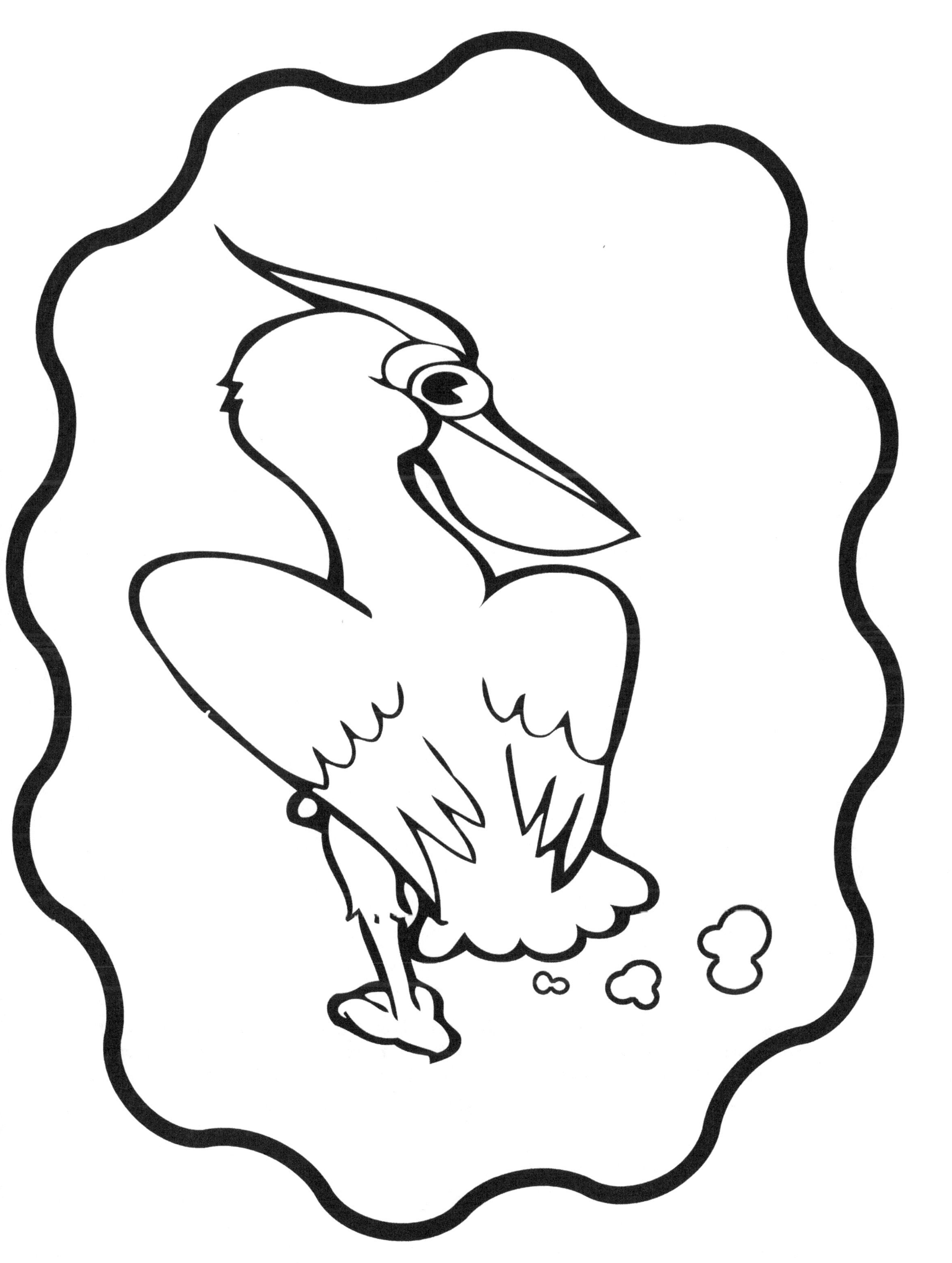

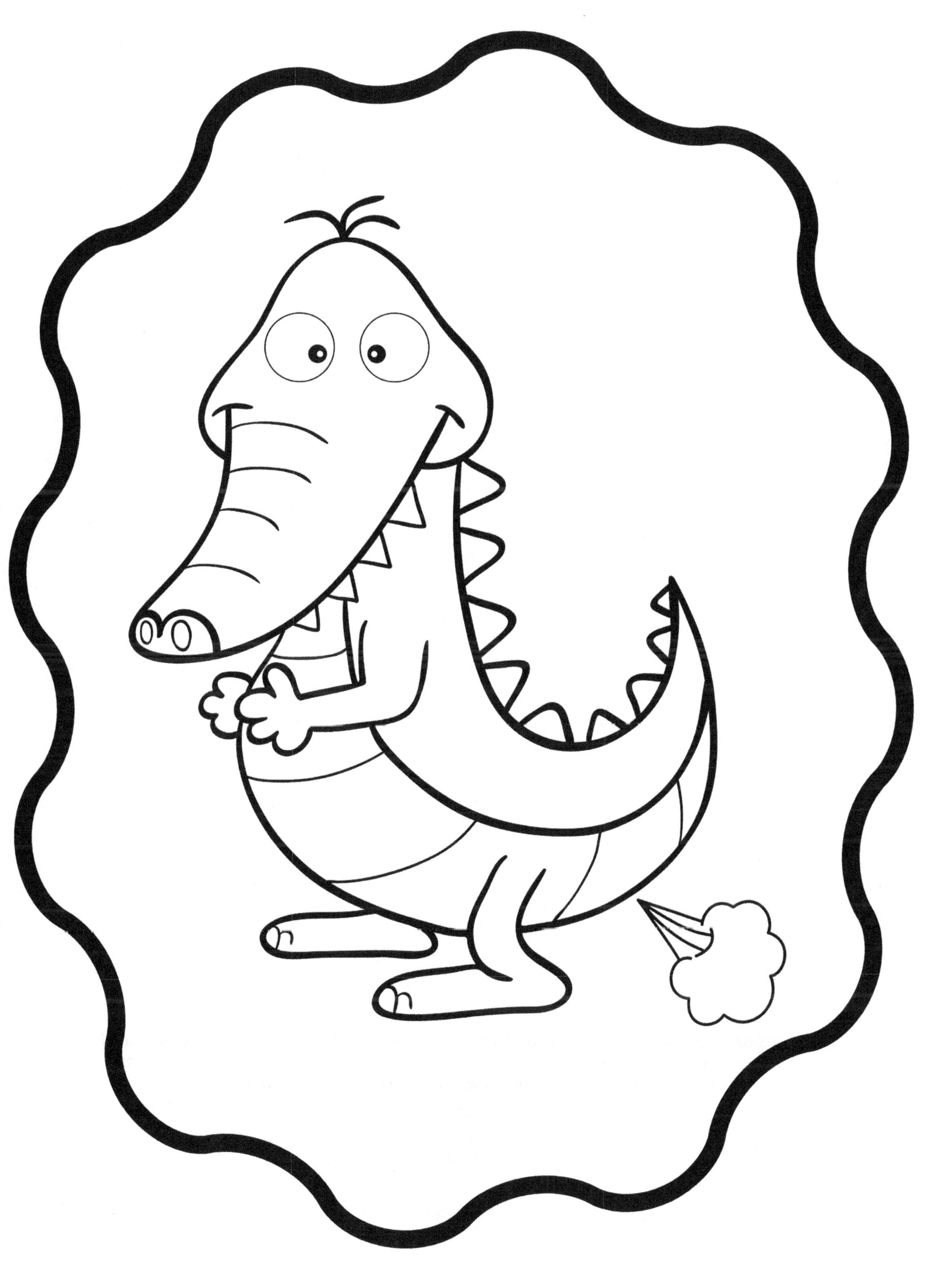

**_Se trata de un sangrado a través de la página si está usando un colorante marcador o pluma!_**

_Encontrar otros títulos grandes por busca de <u>Bandido Para Colorear</u> en tu favorito libro minorista_

**Amazon.Ca | Barnes & Noble (BN.Com) | Libros 1 Millón (BAM.Com)**

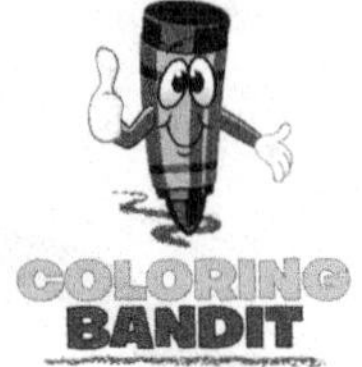

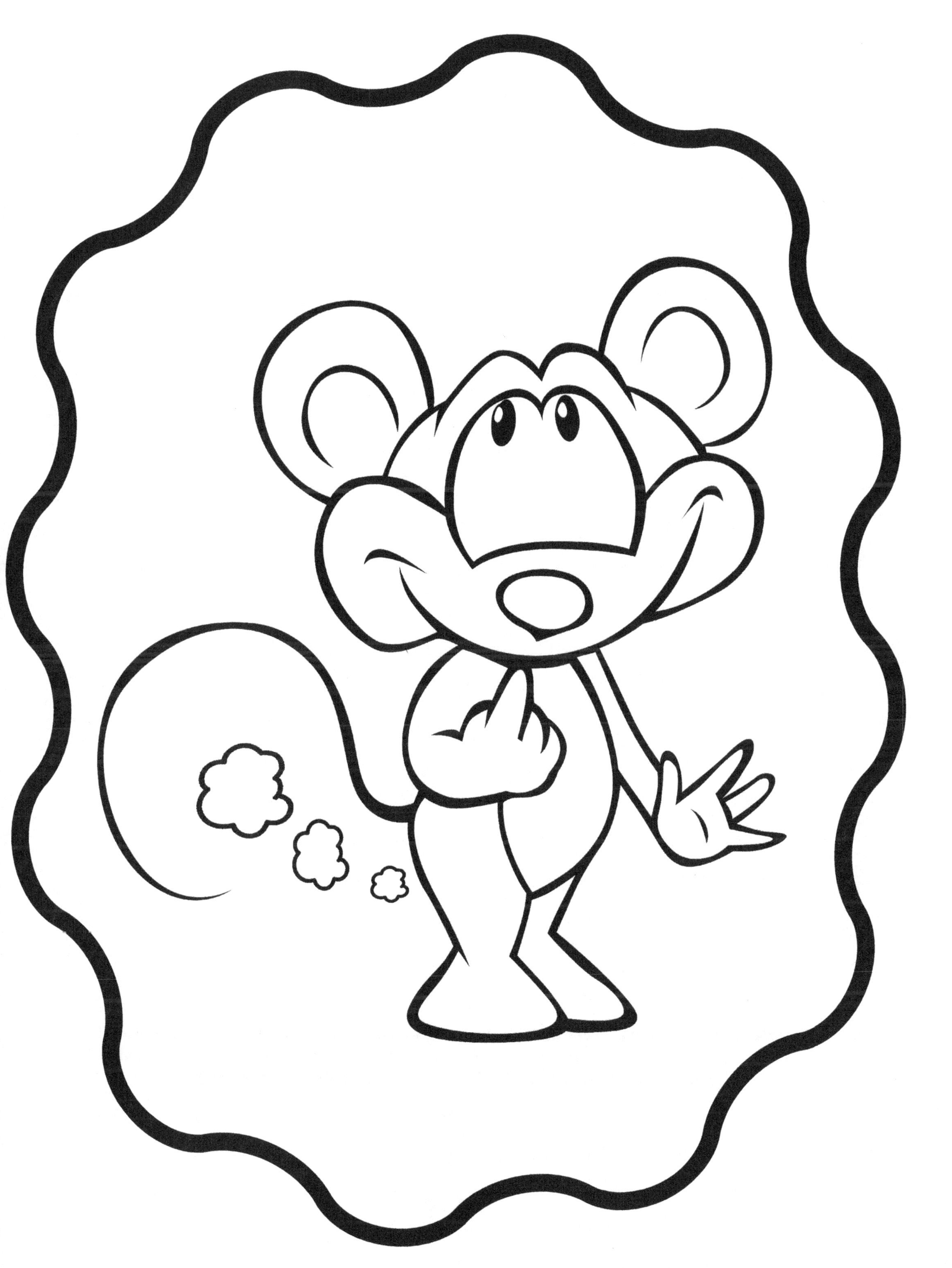

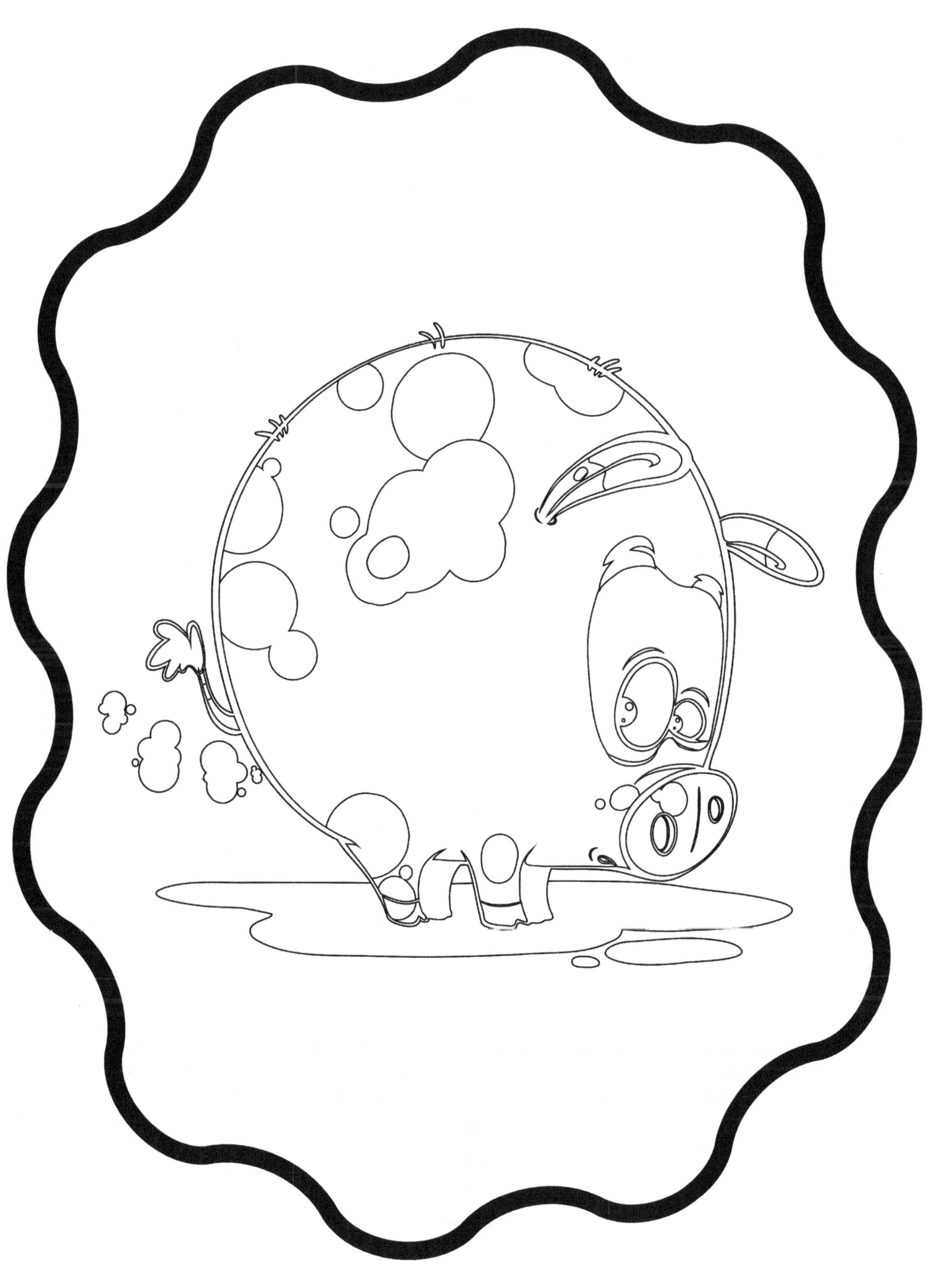

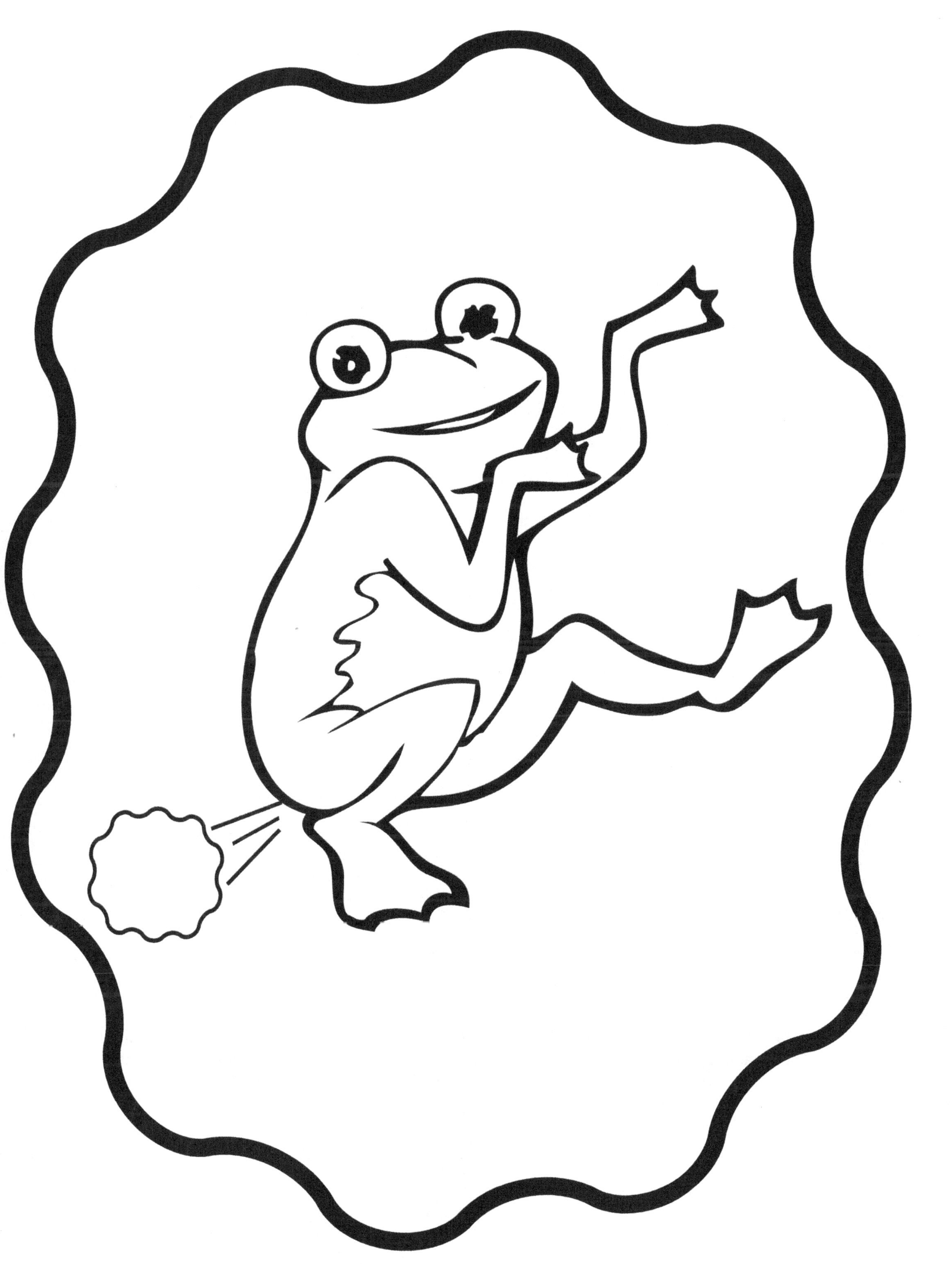

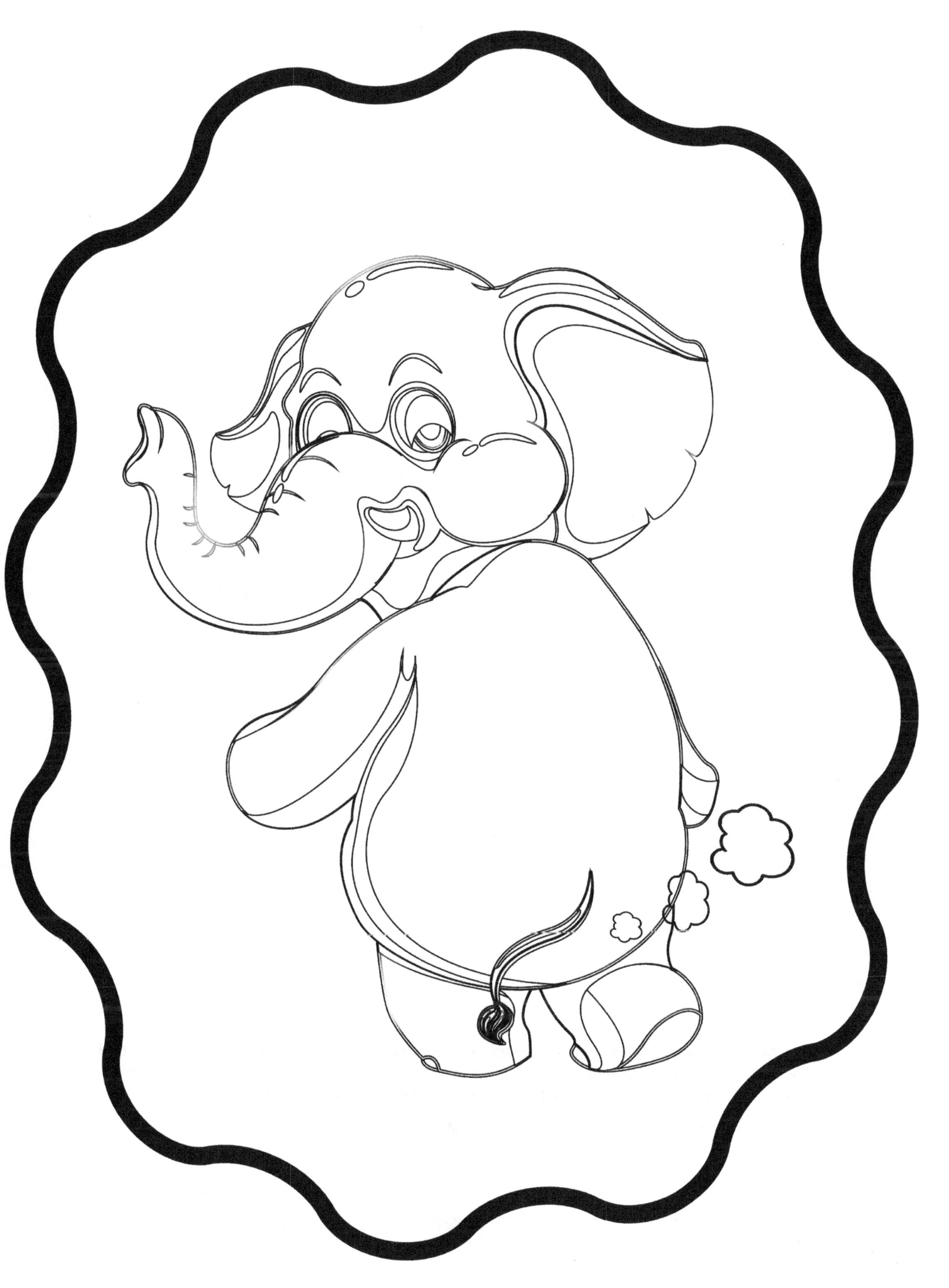

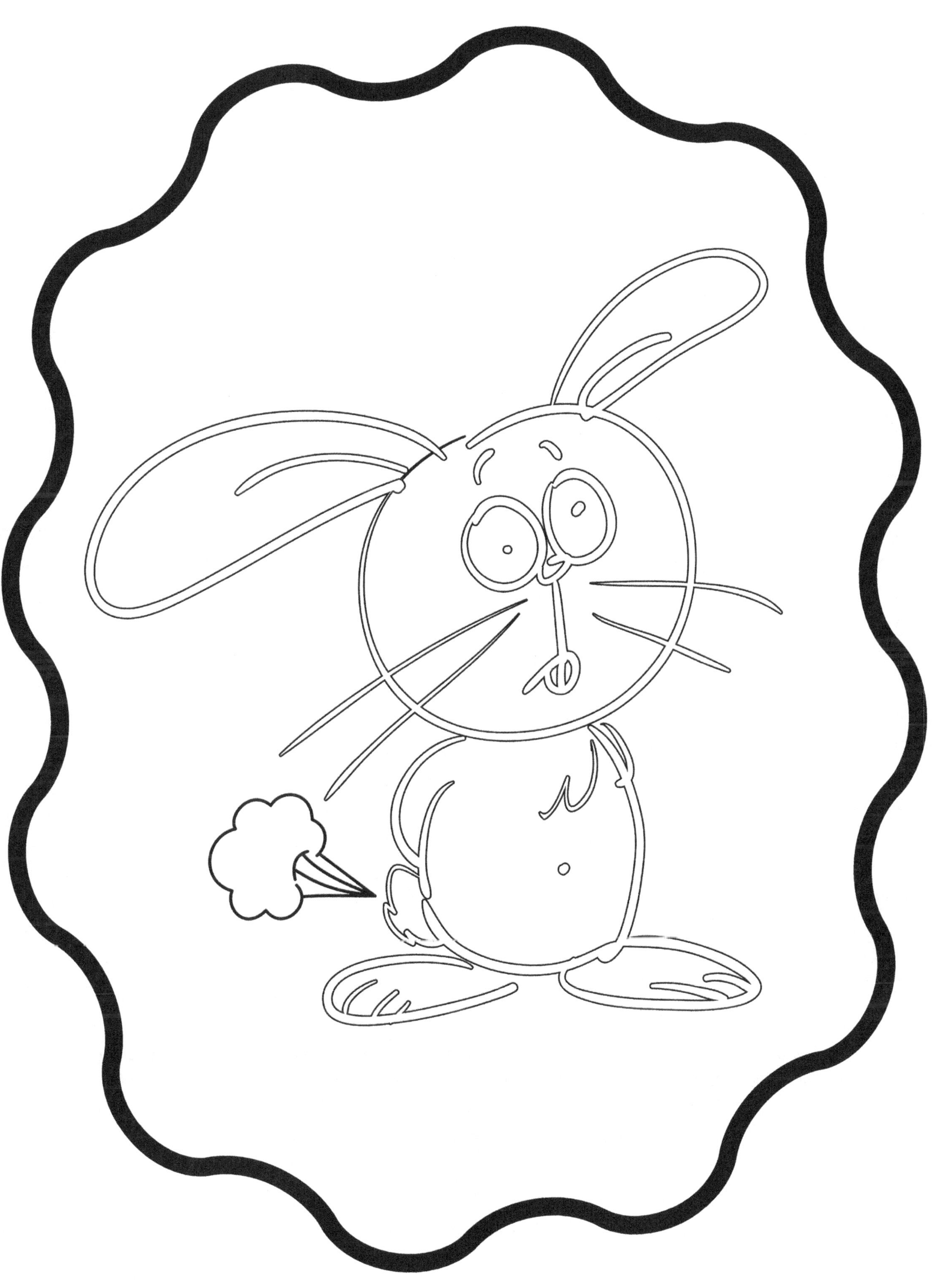

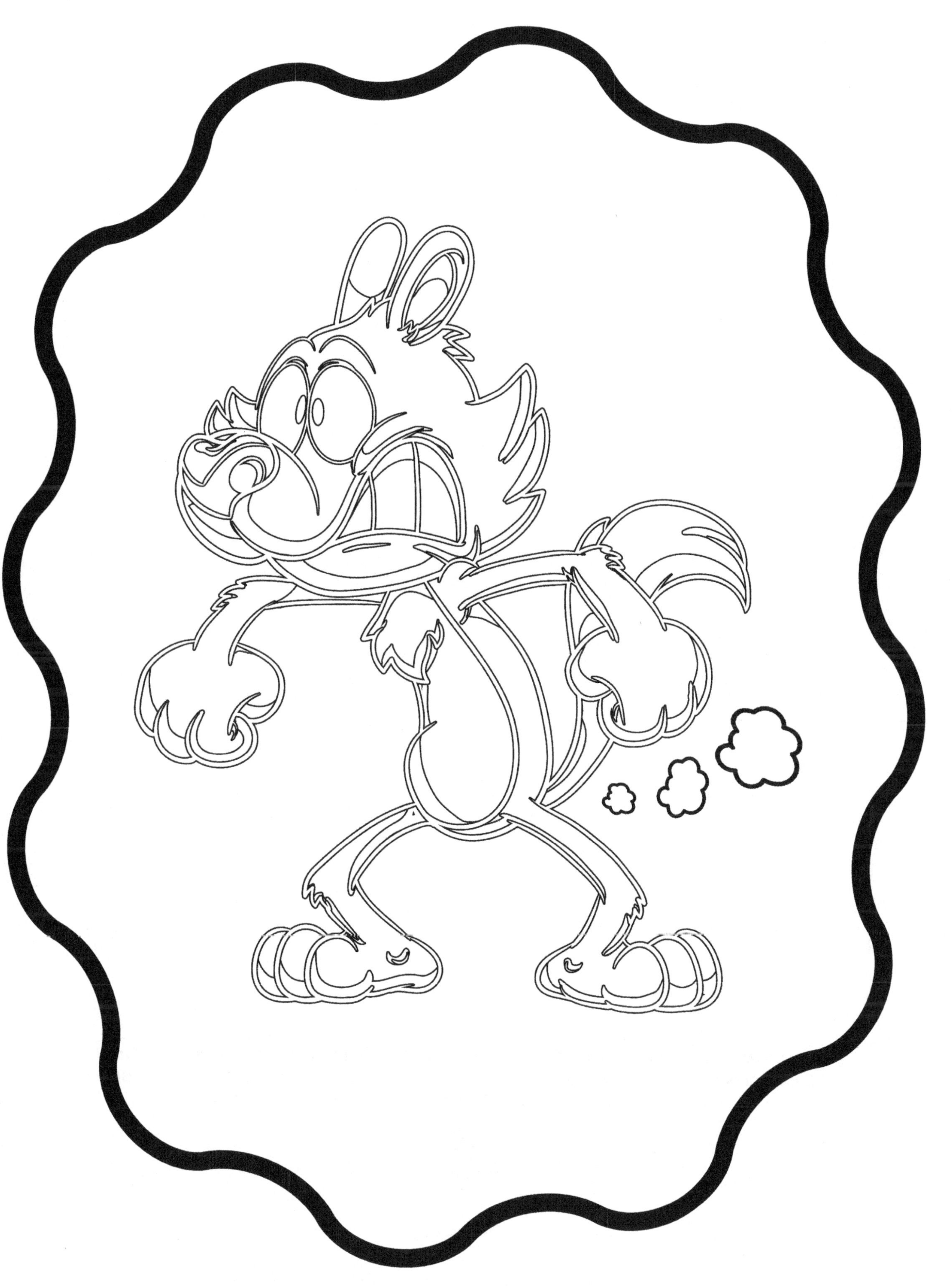

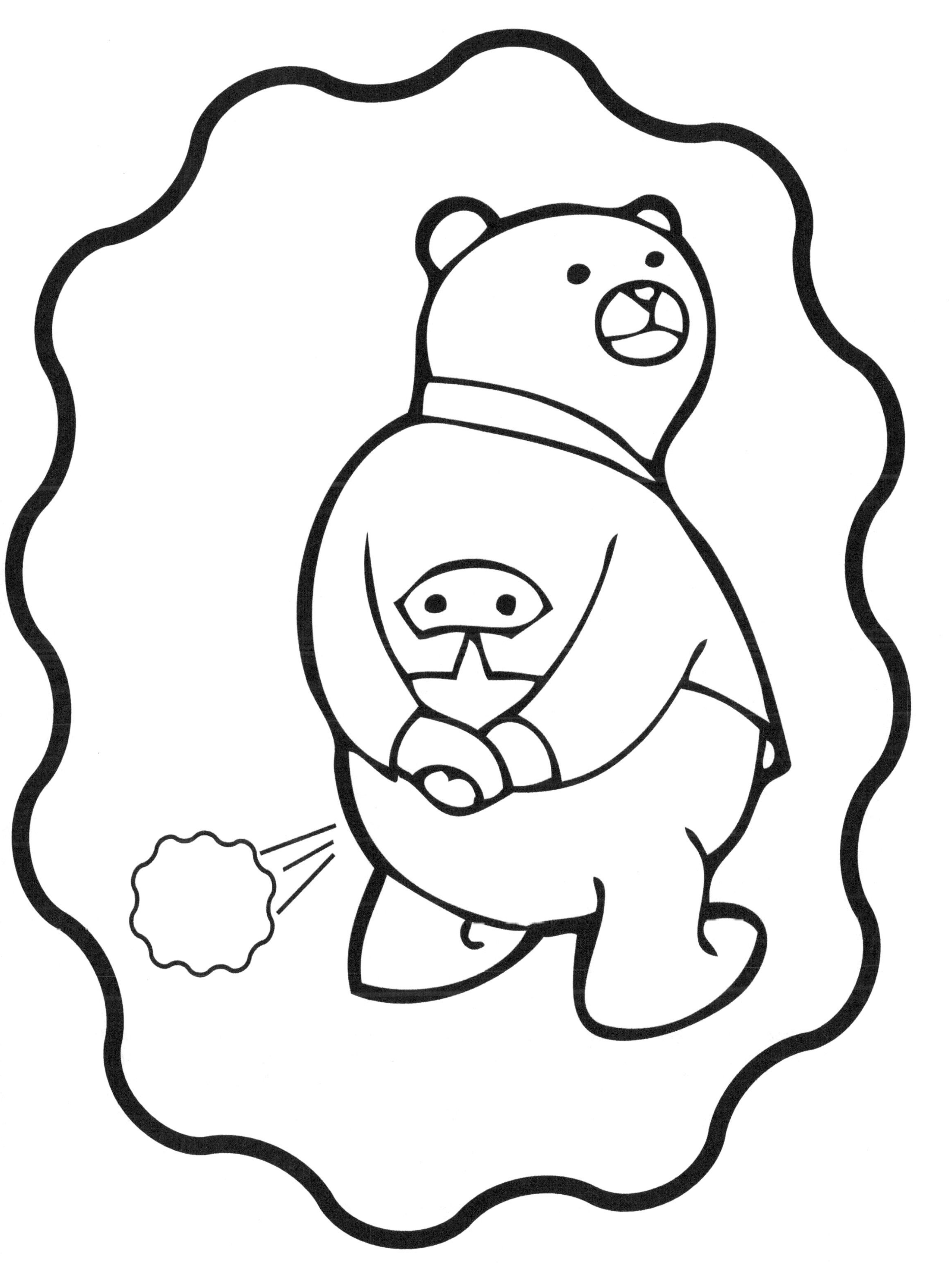

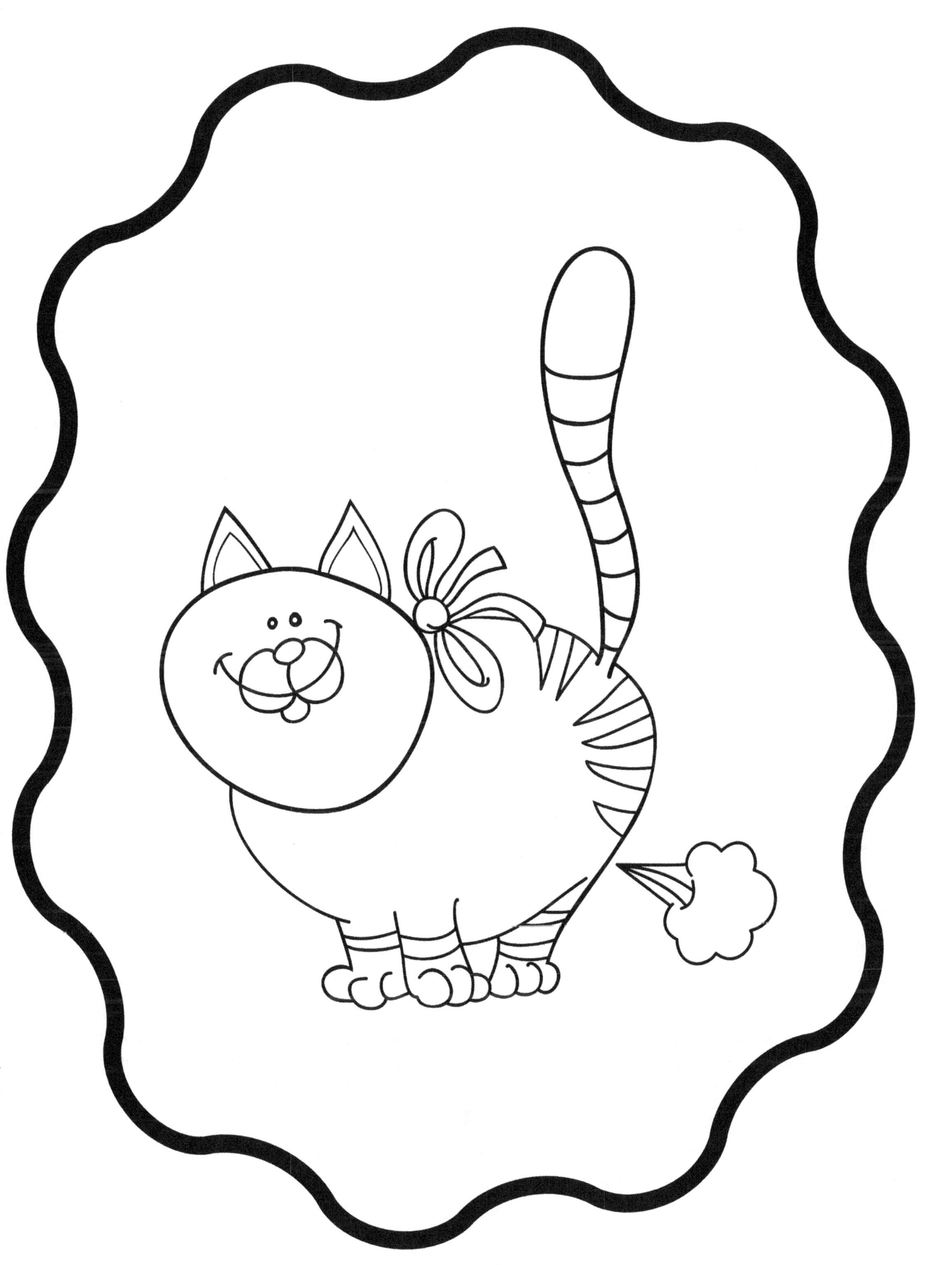

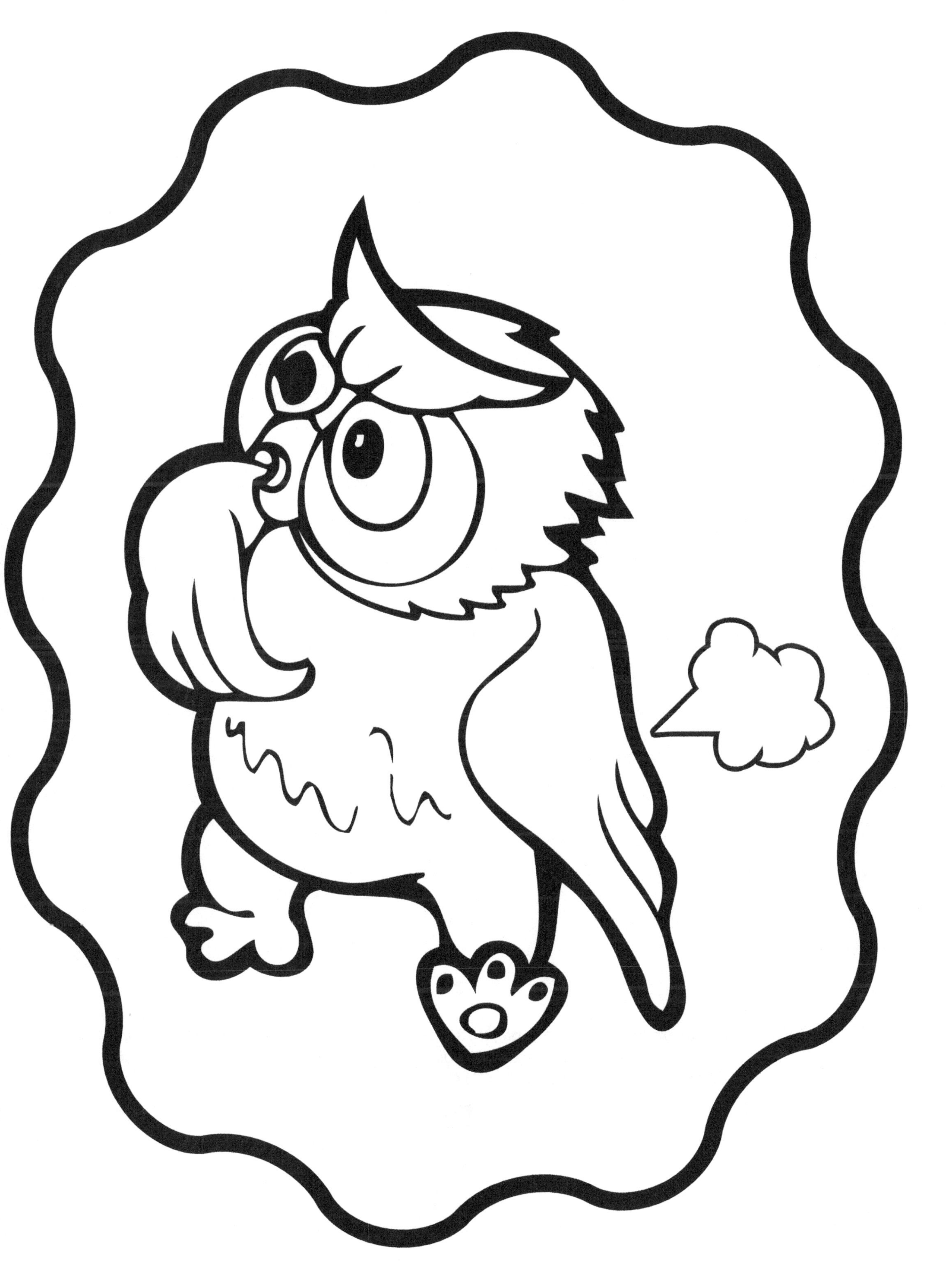

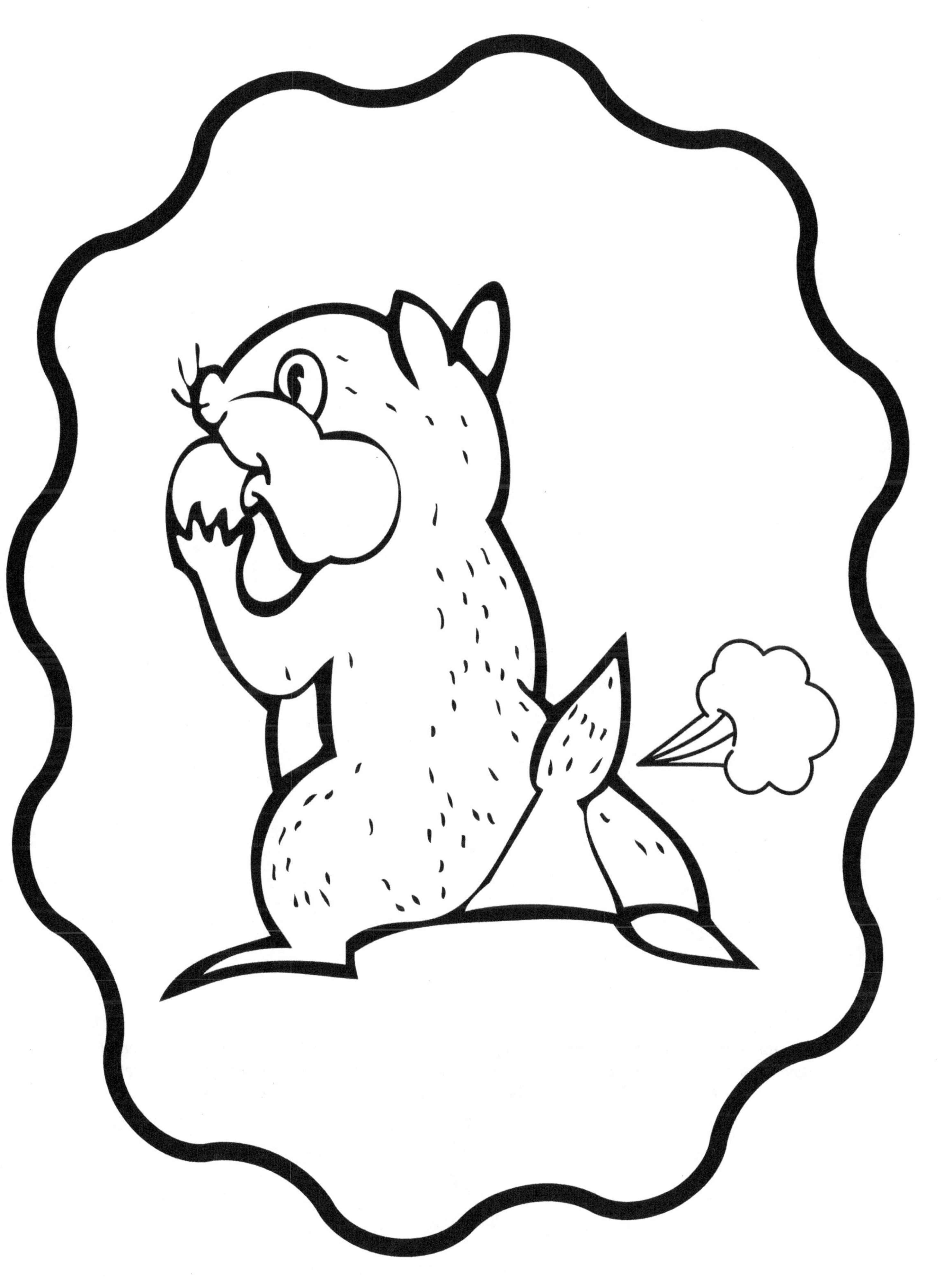

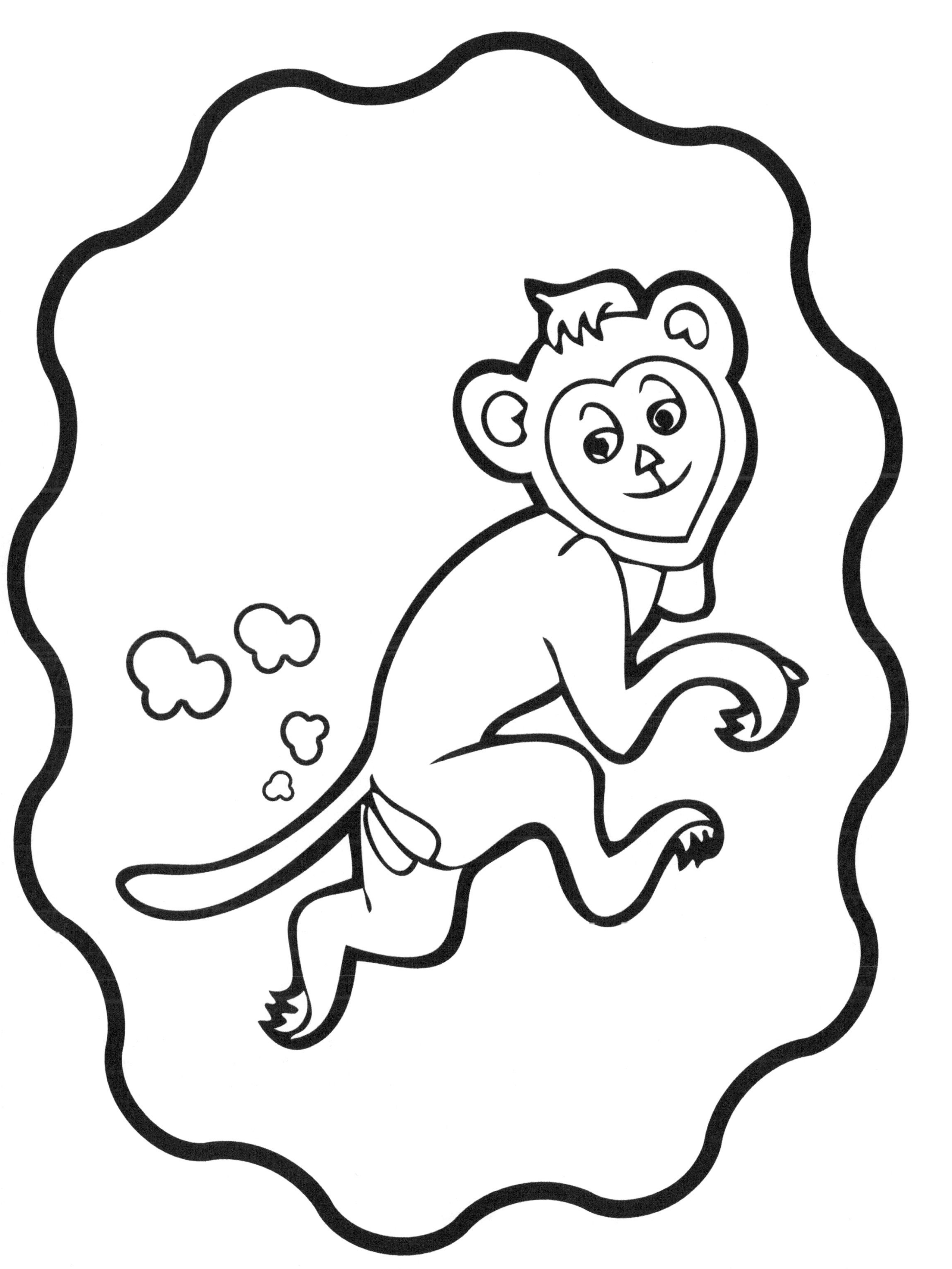

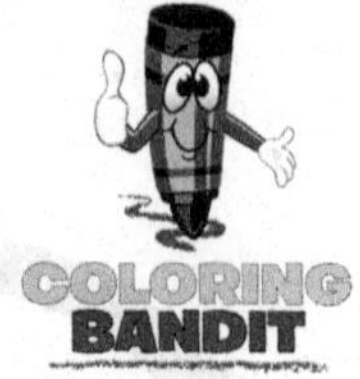

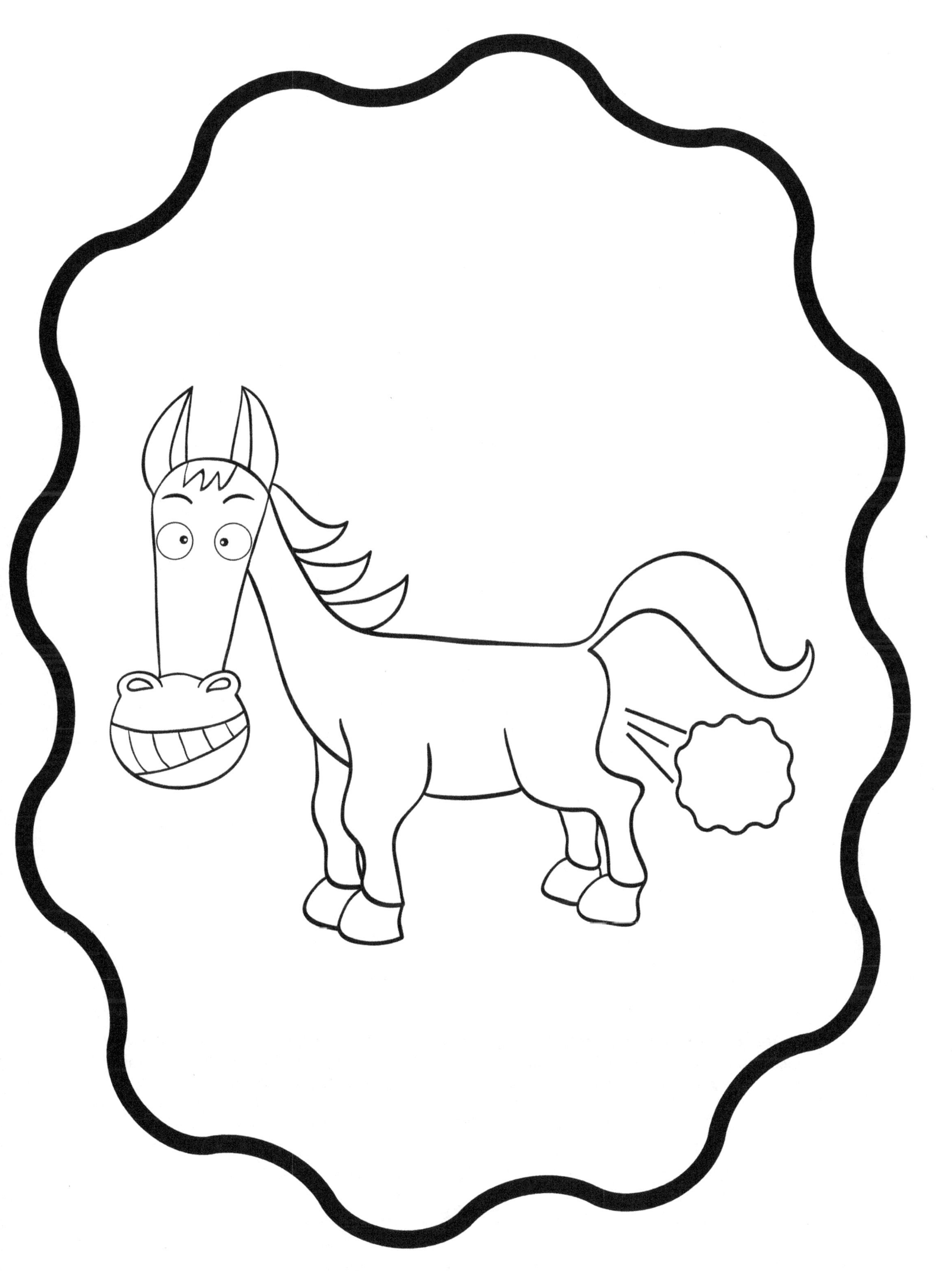

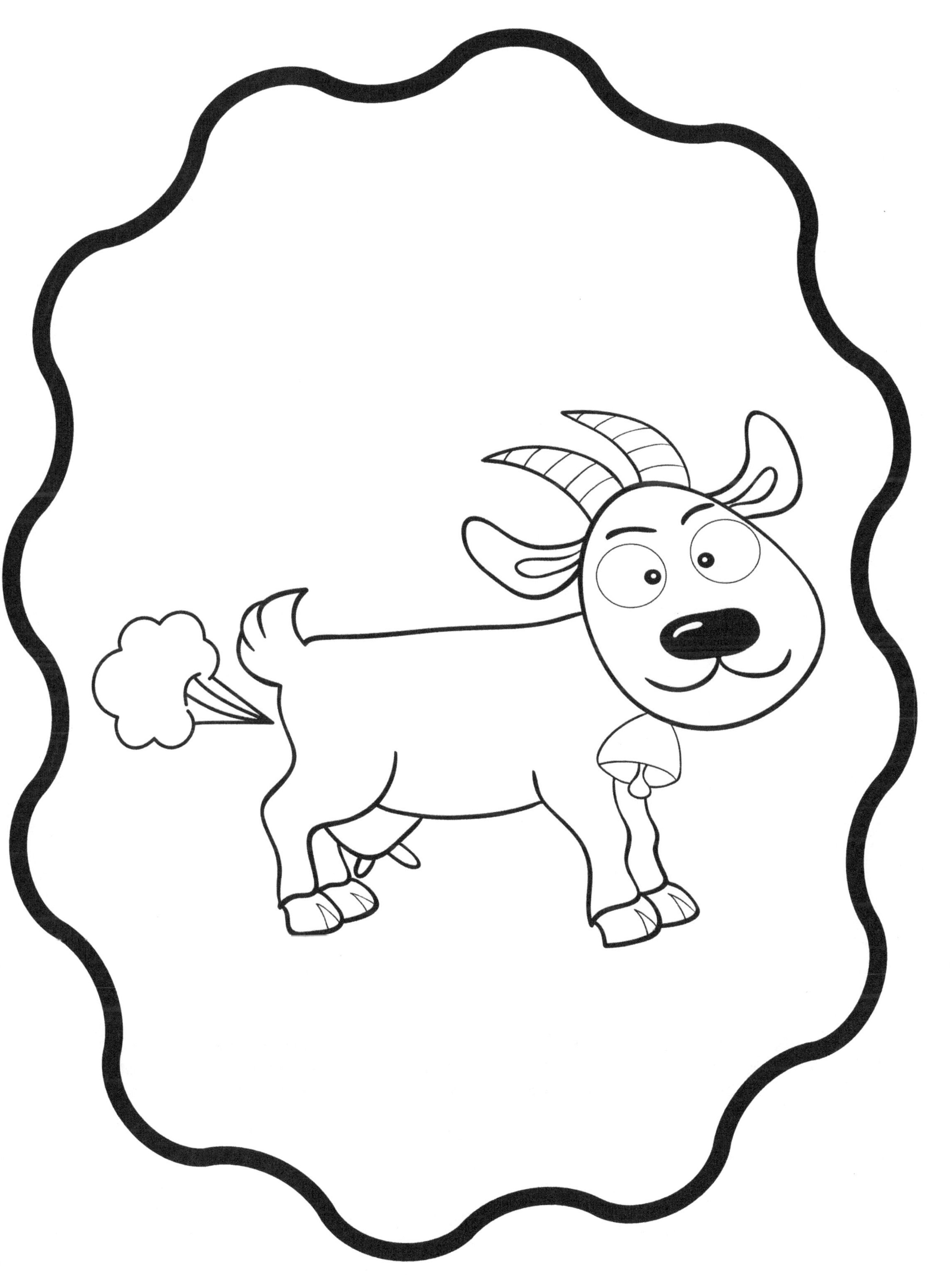

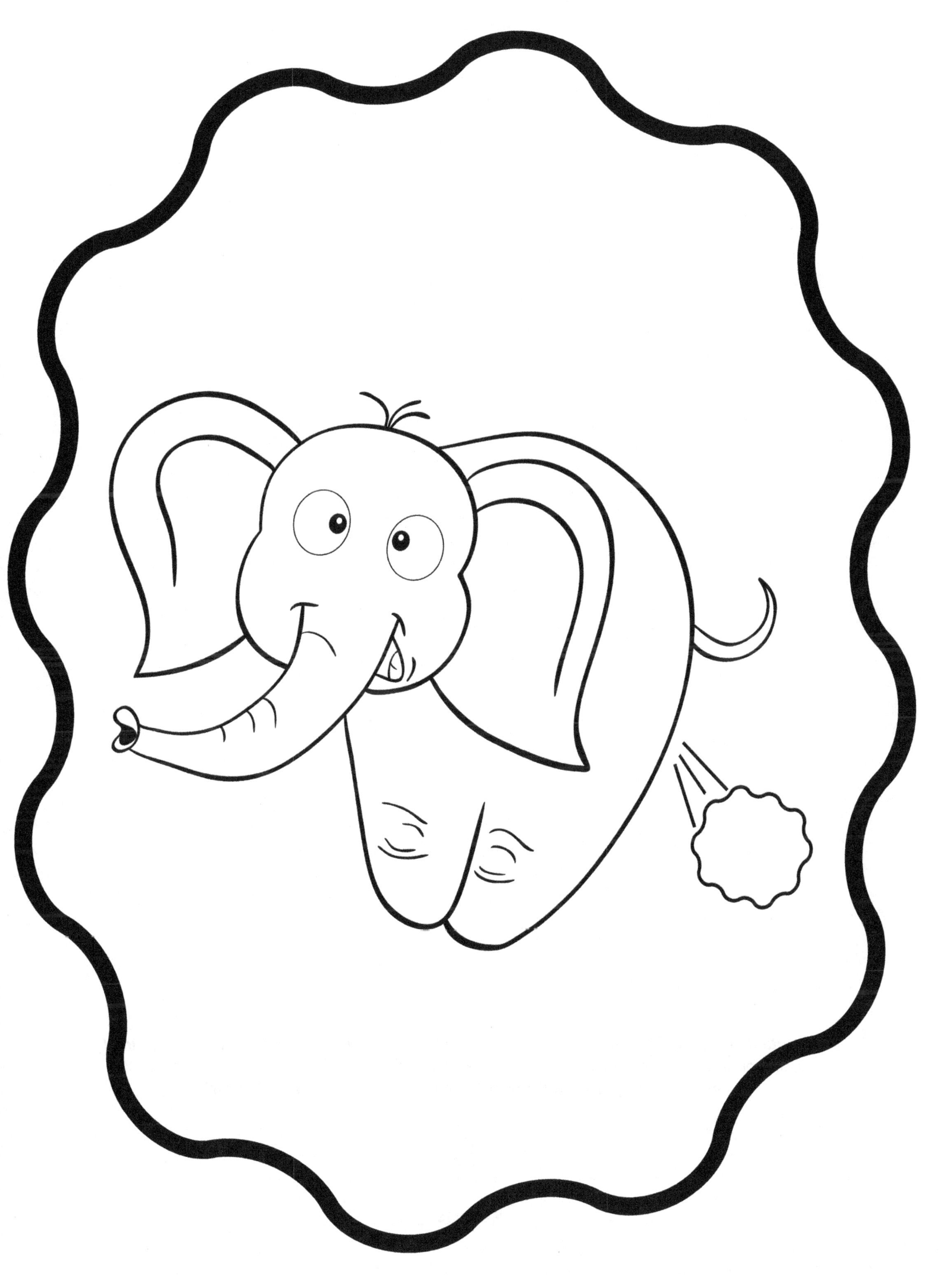

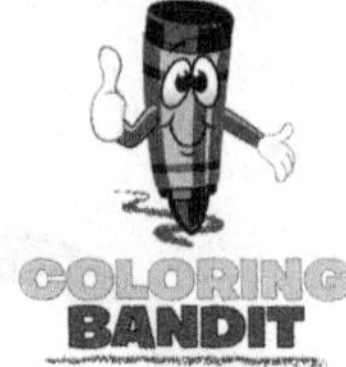

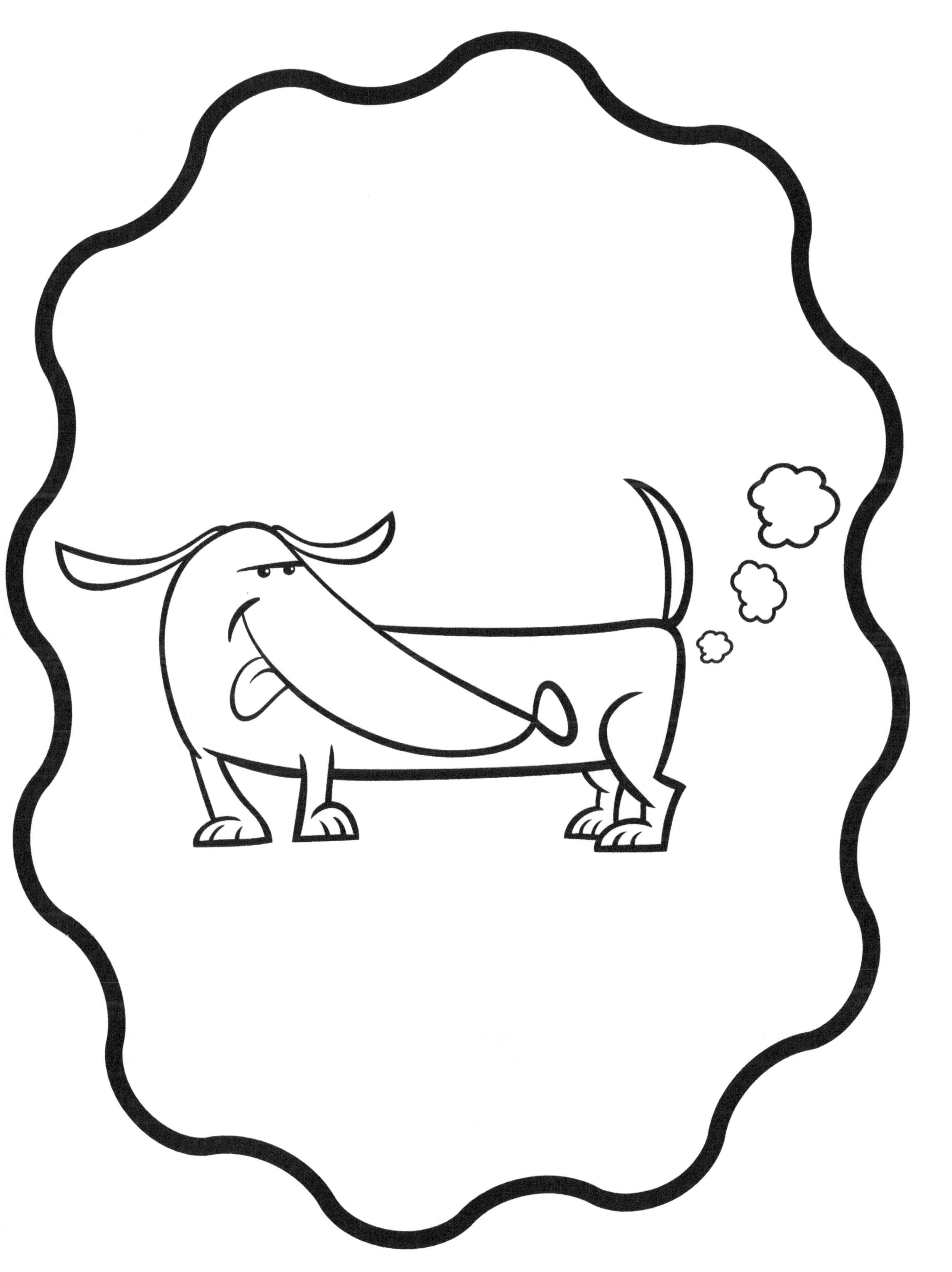

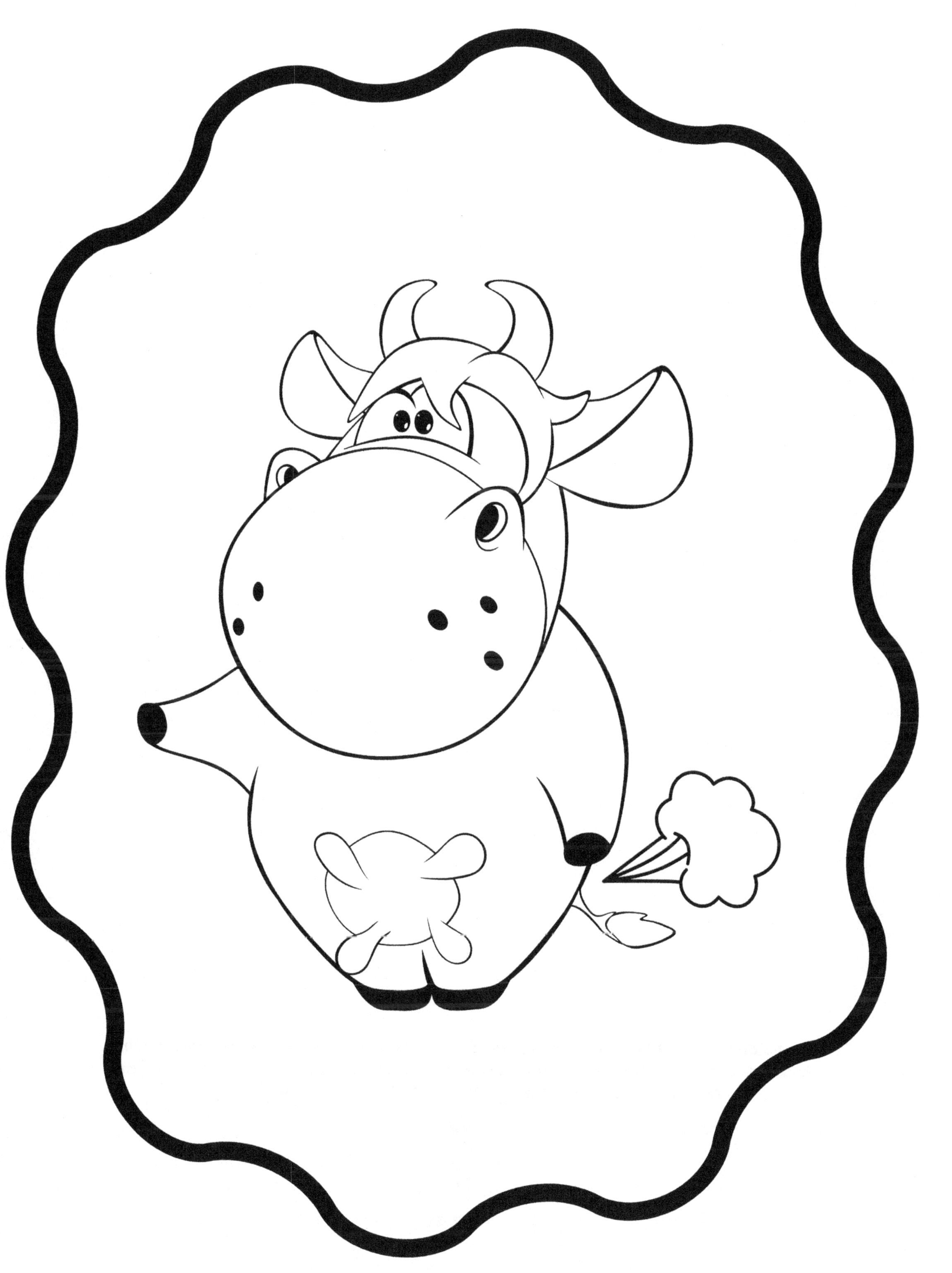

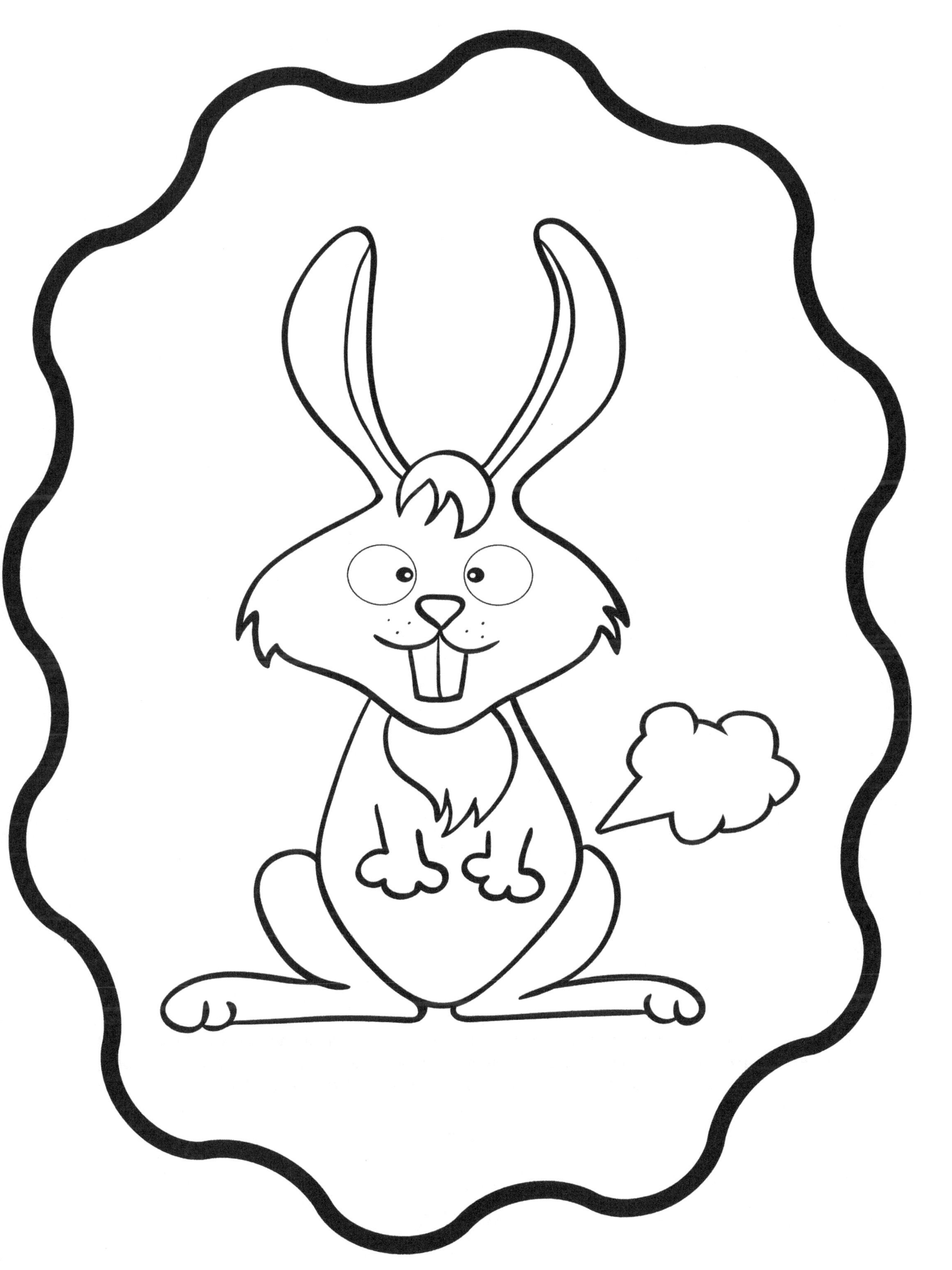

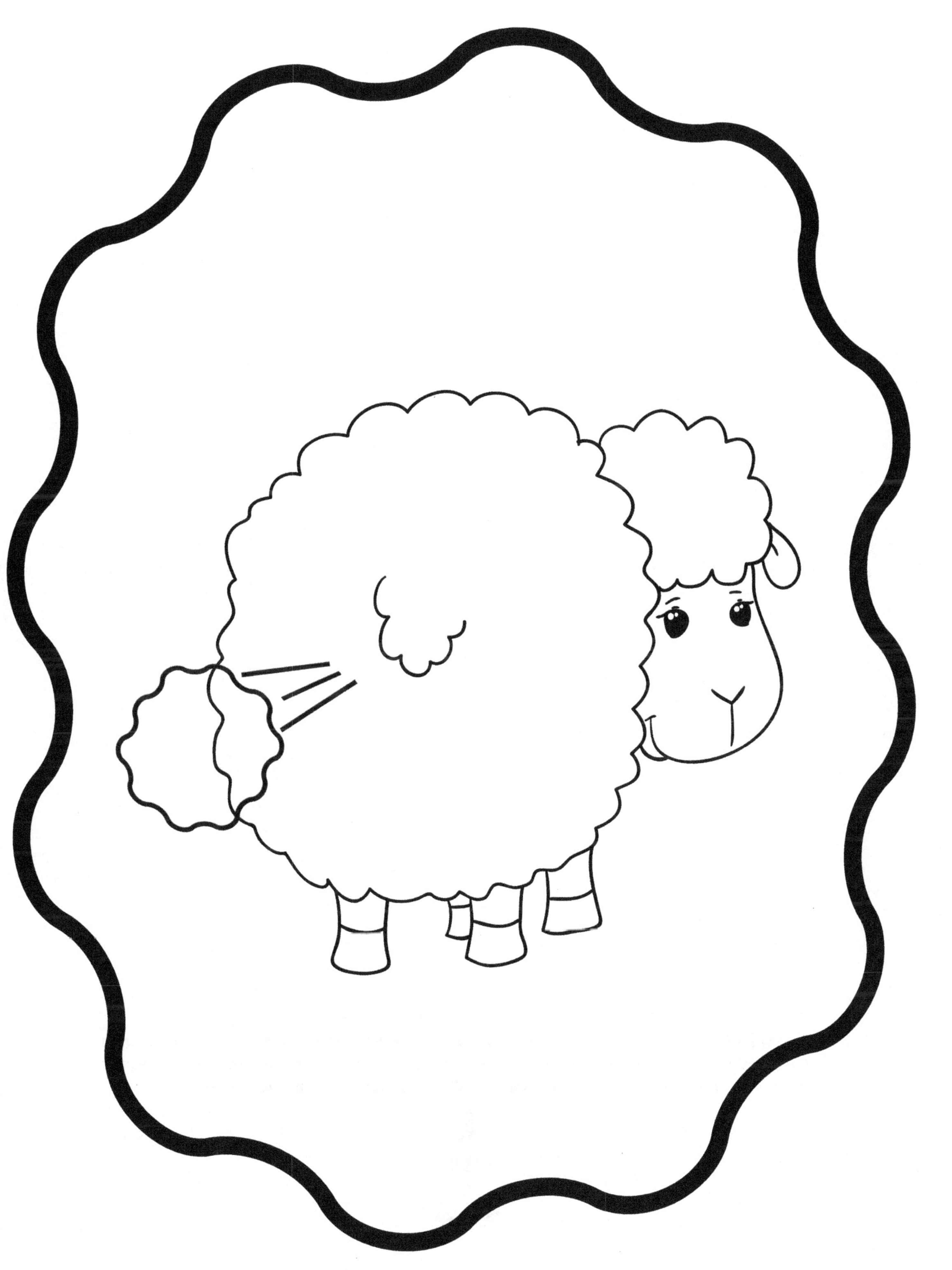

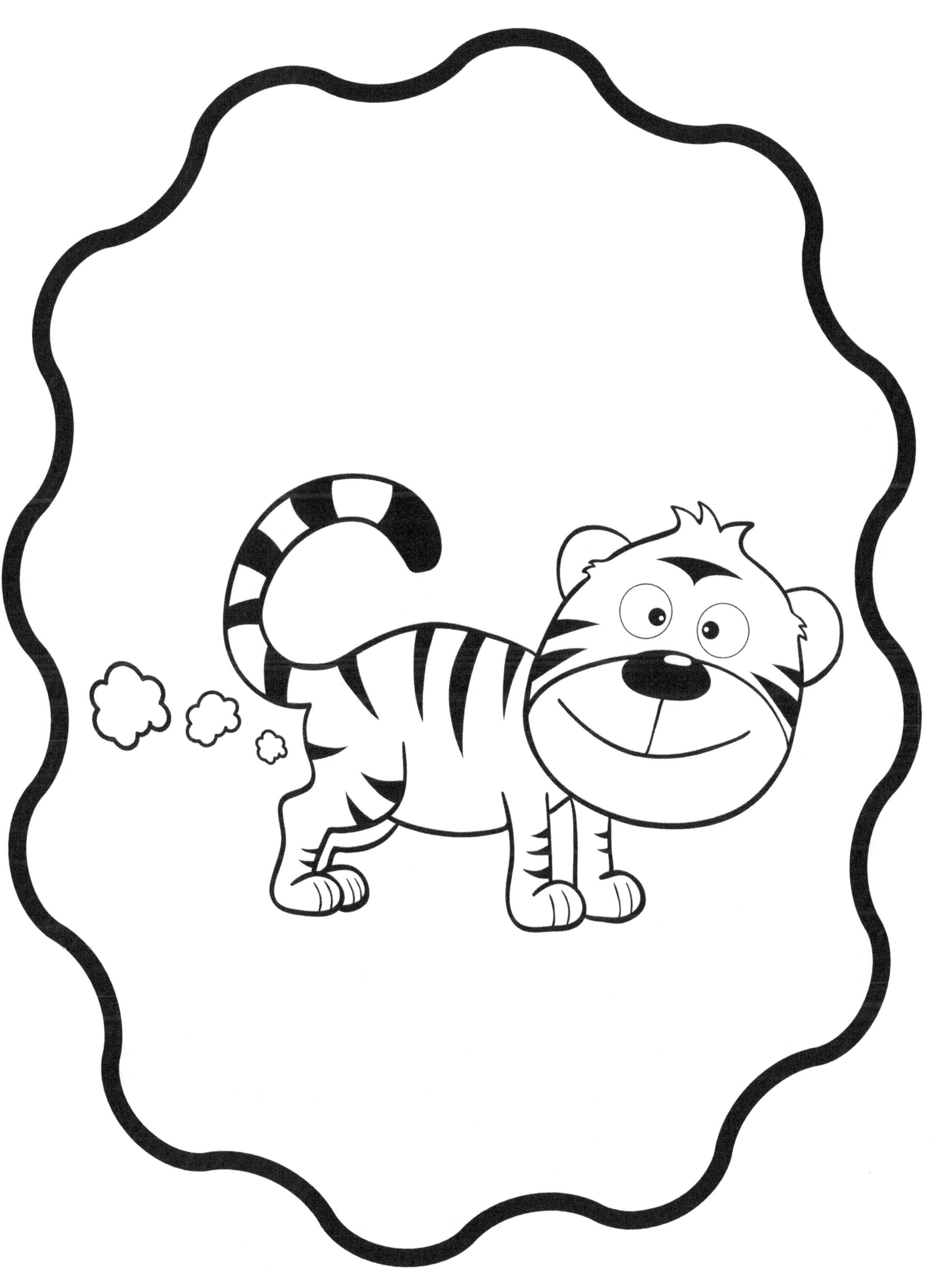

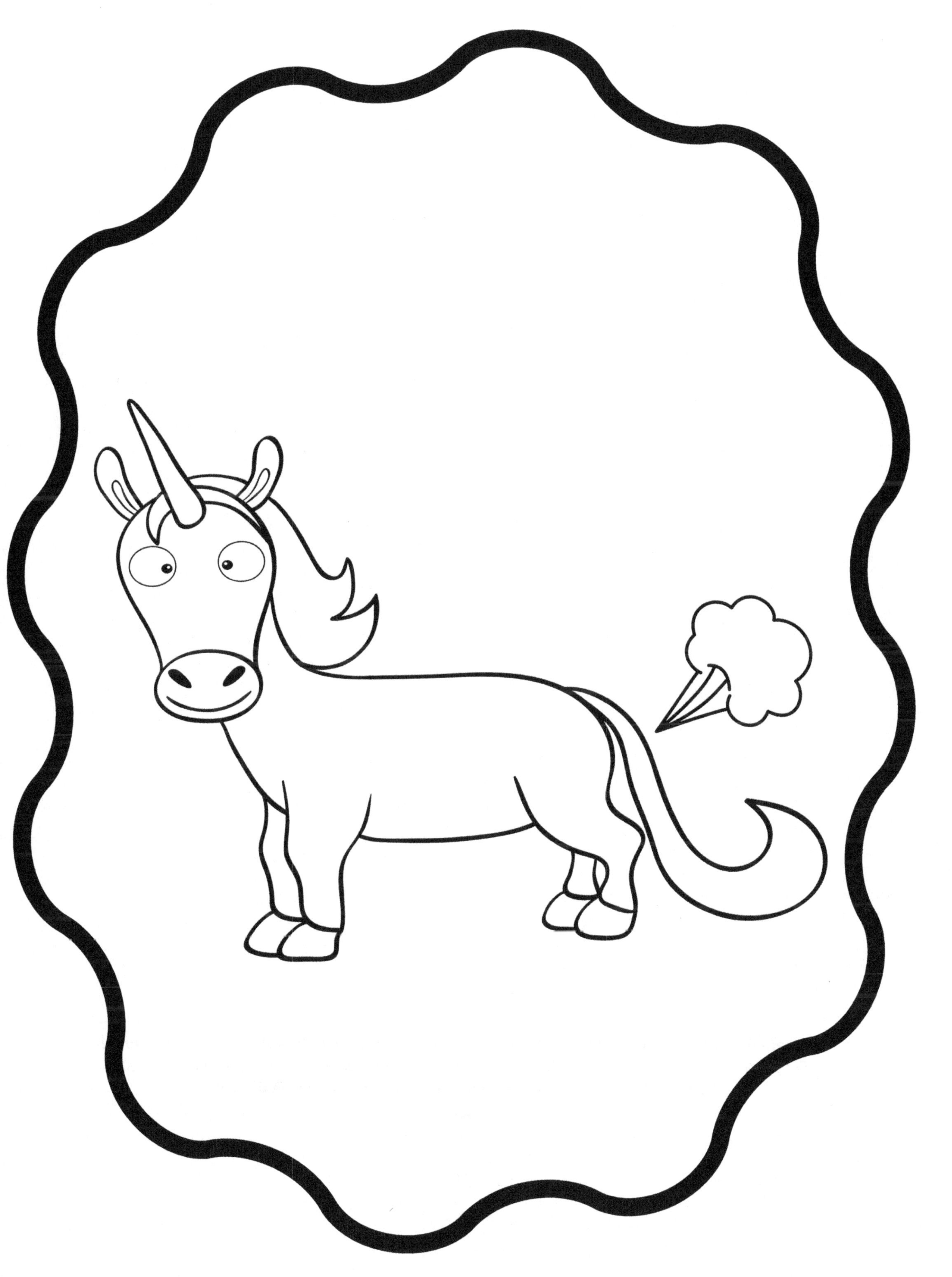

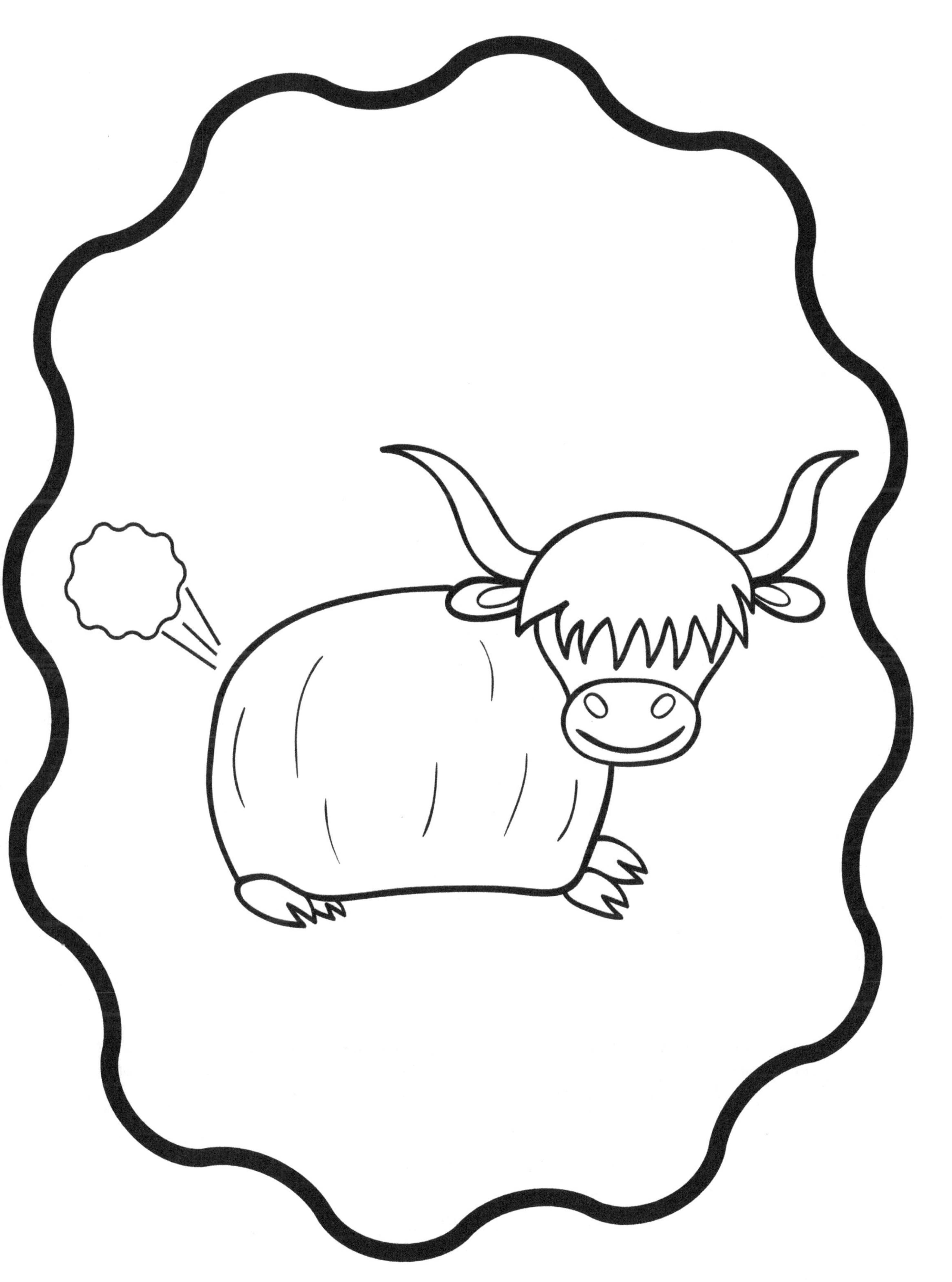

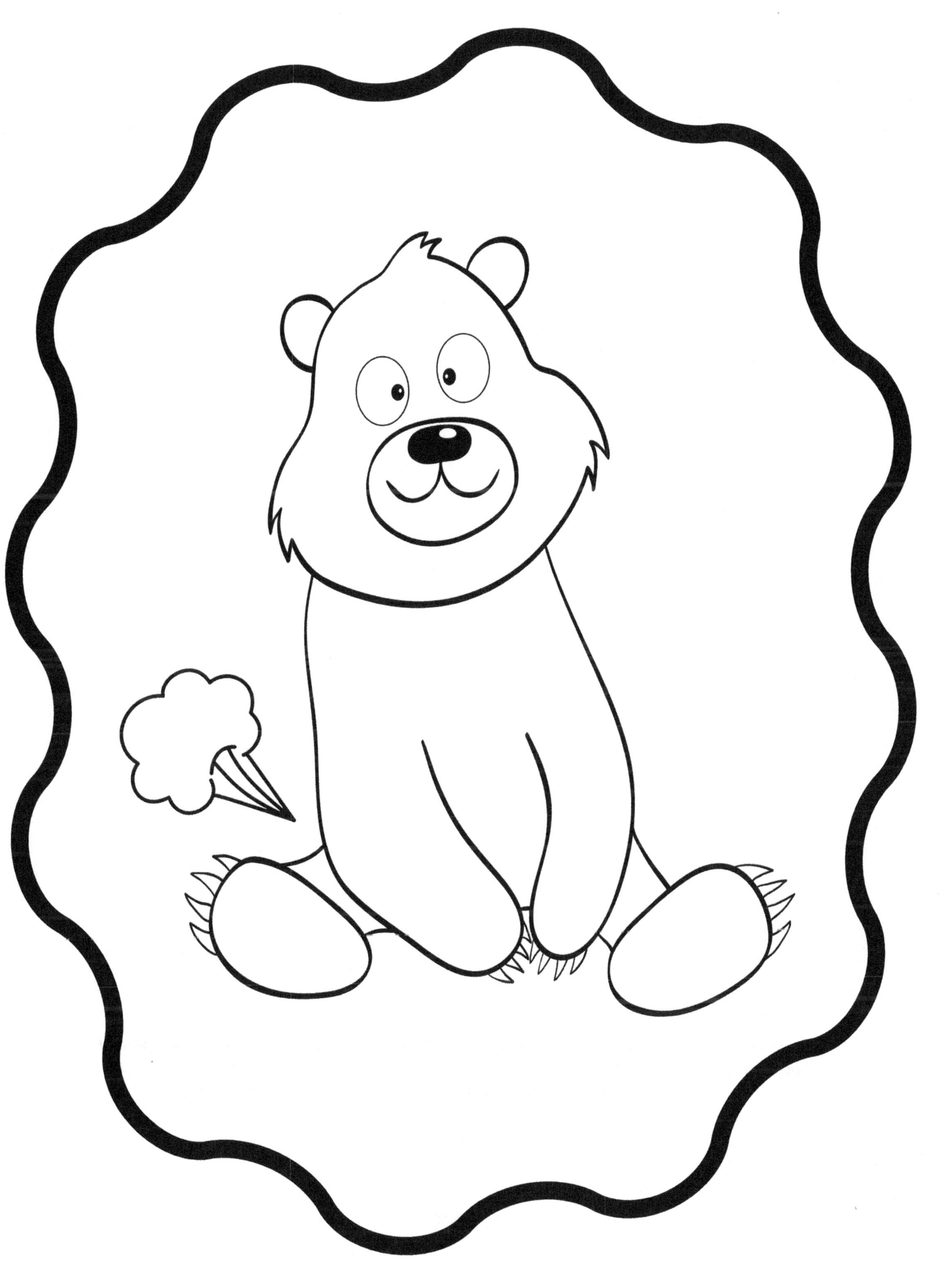

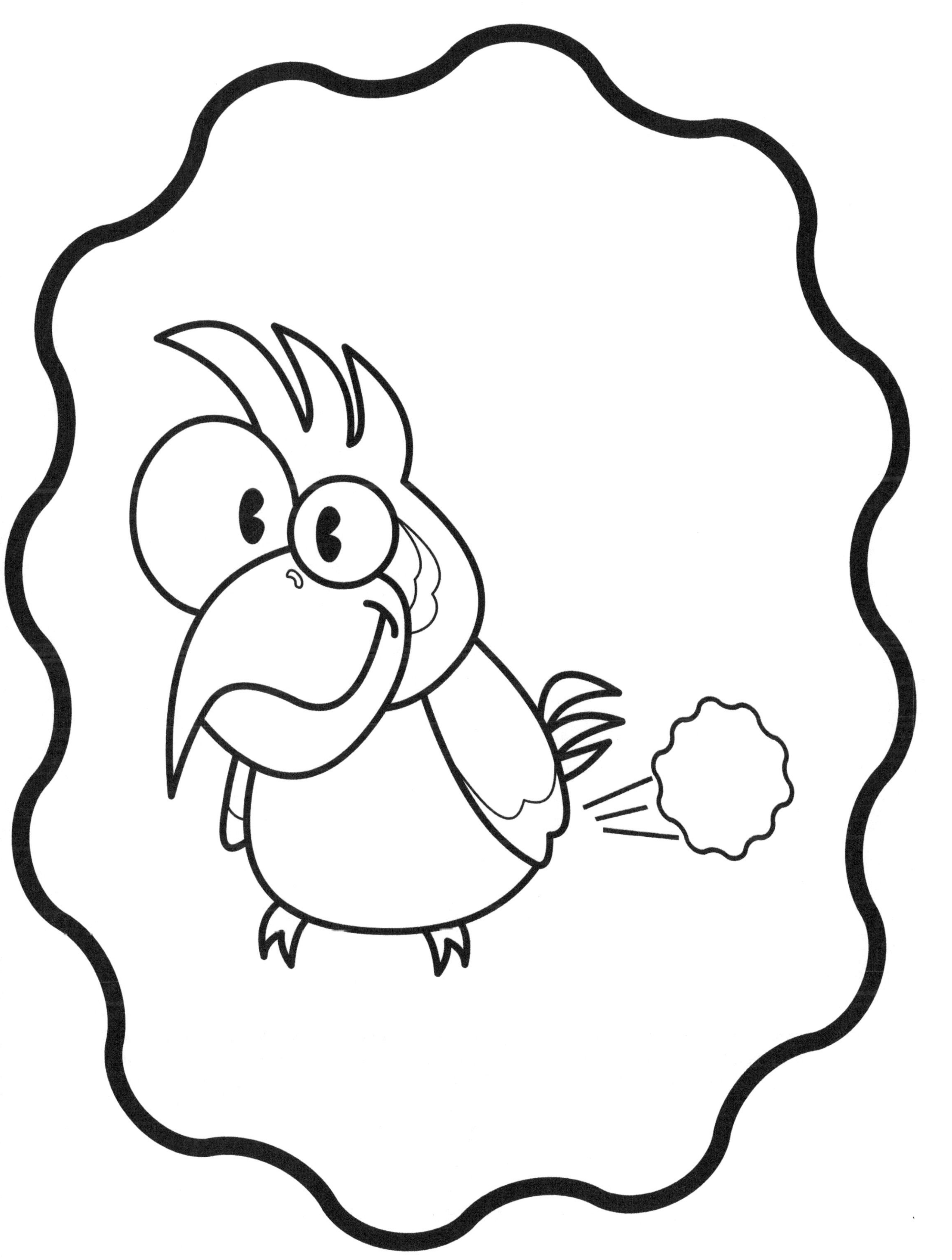

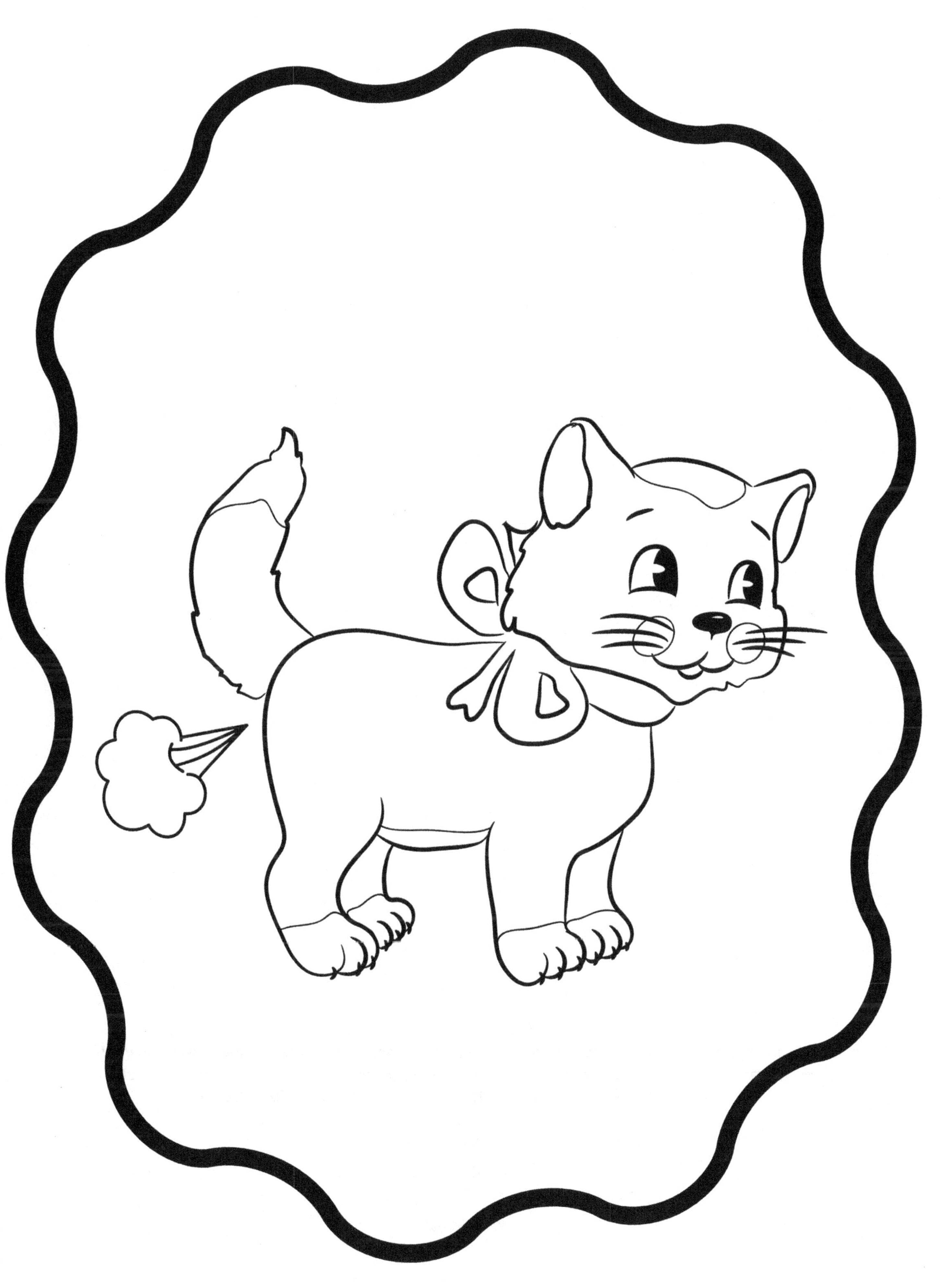

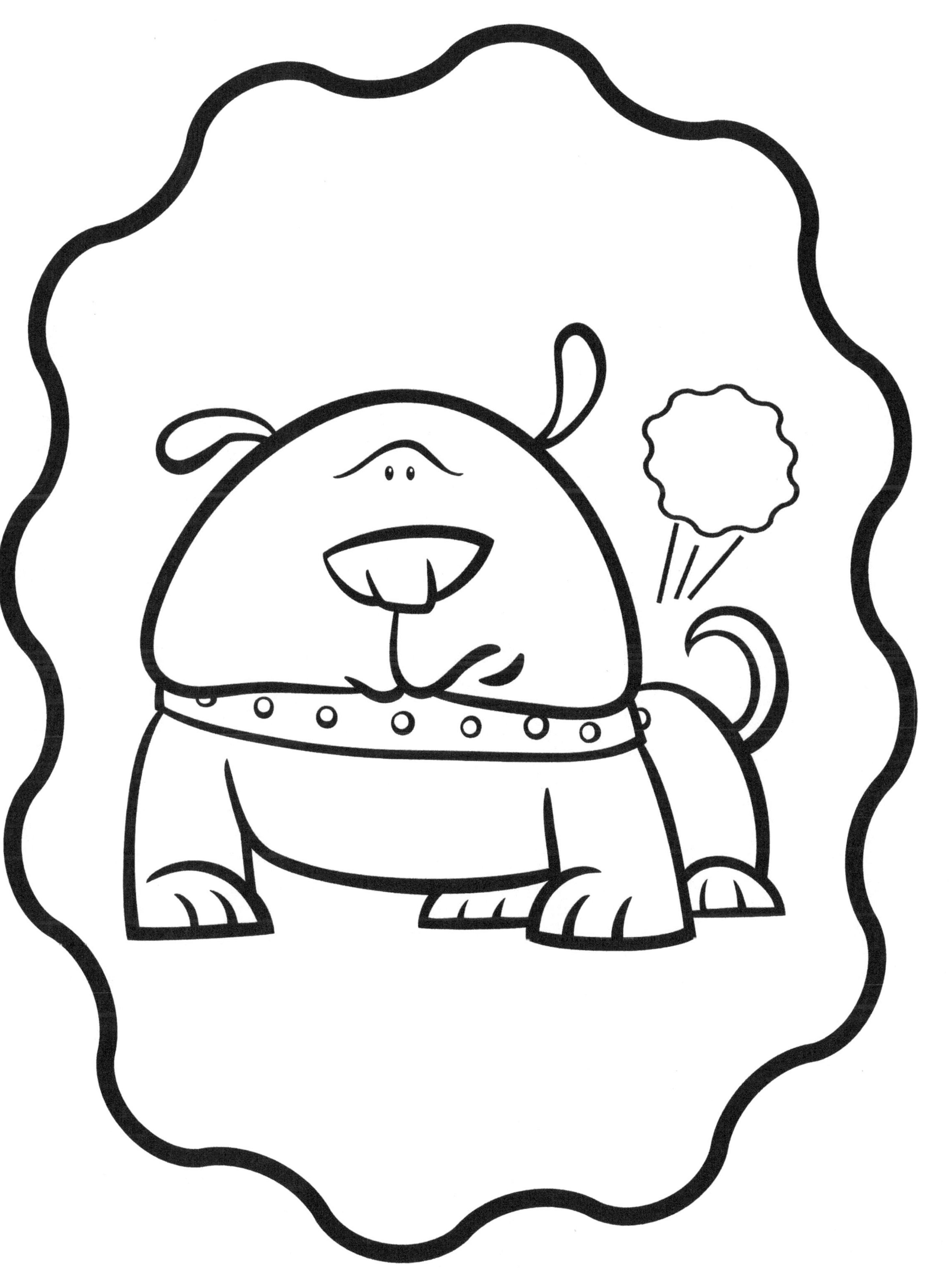

Made in the USA
Monee, IL
07 July 2026